Klaus Priesmeier - sich loslassen

Klaus Priesmeier

sich loslassen

empfangen, bewahren
und bewähren

Glauben und Kirche sein in unserer Zeit

hartmut spenner oer-erkenschwick 2023

Bibliografische Information der Deutschen Bibliothek

Die Deutsche Bibliothek verzeichnet diese Publikation in der Deutschen Nationalbibliografie; detaillierte bibliografische Daten sind im Internet über https://portal.dnb.de abrufbar.

Die Druckvorlage wurde vom Verfasser als reprofähiges Dokument zur Verfügung gestellt

Umschlagentwurf von Sigrun Höfelmeier.

Verlag Hartmut Spenner
Inh. Marco Augustin
Ludwigstr. 89, 45739 Oer-Erkenschwick
www.hartmutspenner.de

ISBN 978-3-89991-267-8

Printed in Germany 2023

Inhalt:

Vorwort

Das Buch ist ein Zeugnis davon, sich umzusehen und nach vorne auszublicken. Eine Wegsuche, eine Orientierung ist gefragt. Denn so, wie es war, ist es nicht mehr und wird es nie wieder sein. Woher kommen wir als Glaubende, als einzelne und Gemeinschaft? Wo und wie gehen wir weiter als Glaubende und Fragende in einer Welt, der der Glaube an Christus immer fremder zu werden scheint? Wie gehen wir weiter? Das sind die Fragen, die mich immer wieder beschäftigen.

Fertige Antworten gibt es hier nicht. Eher so etwas wie die Einstimmung auf den Weg, den Jesus Christus vorausgeht. Von ihm und aus seinem Wort empfangen wir. Das Empfangene gilt es zu bewahren, aber nicht so, es zu konservieren, sondern es zu wagen. Daraus kommt: bewähren. Und immer wieder – loslassen! Sich selbst und die eigenen Beiträge. Denn vollenden ist nicht Unseres, dafür ist ein anderer mit im „Spiel".

Es ist auch nicht unser christlicher Auftrag, die Welt zu „verchristlichen". In der Welt stehen Christinnen, Christen und Kirchen als Zeugen des Evangeliums – in der Zuwendung zu den Menschen in all ihrer Verschiedenheit und den Herausforderungen, die wir mit ihnen teilen und zu bewältigen haben. Aus dieser Aufgabe (in gesellschaftlicher und religiöser Pluralität) kommen wir ebenso wenig heraus wie aus der, Zeuginnen und Zeugen des Glaubens zu sein. Und darin gilt es zugleich, die eigene Seele und Lebendigkeit nicht zu verlieren. Das entspricht dem Dreifachgebot der Liebe: Gott, die Nächsten und sich selbst zu lieben – weil Er uns zuerst geliebt hat.

Rein theoretische Antworten gibt es im Glauben schon gar nicht. Es gibt keine wirkliche Erkenntnis, ohne sich einzulassen. Darin sind Leben und Glauben gleich. Sich einlassen, dranbleiben, drinbleiben. Sich verändern lassen. Es ist ein Versuch, auszudrücken, was mich immer wieder herausfordert.

Ich habe es auch für die geschrieben, die mit mir auf diesen Wegen unterwegs sind. Menschen, die sich immer wieder einen Kopf machen, weil sie den Glauben suchen und ihn im Herzen tragen. Das sind selbstverständlich nicht nur Theologinnen und Theologen. Um es für möglichst viele lesbar zu machen, habe ich viel gekürzt und sind viele Verweise und die Anmerkungen fortgelassen. Wer diesbezüglich dennoch mehr wissen will, kann gerne nachfragen.

Danken will ich meiner Frau Katrina für ihre Geduld und Begleitung – und vielen, die mir hilfreich waren, die mit allerlei Fragen, Kritik und Vorschlägen mir zur Seite gewesen sind. Namentlich sei nur Rudolf Landau erwähnt, dem ich etliche Hinweise verdanke und dem auch die Erstfassung eines der Beiträge gewidmet war. Allen anderen danke ich nicht minder. Ohne den Austausch, die Infragestellung, die Relativierung des Eigenen durch andere würden Denkbewegungen wie Lebenswagnisse stocken. So sind auch etliche Teile des Buches im Miteinander in Gruppen und mit Menschen hier um mich herum entstanden. Sie haben mich inspiriert, und dafür bin ich sehr dankbar.

Dank dieser Zusammenhänge weiß ich auch: alles, was wir schreiben können, sind Momentaufnahmen und Zwischenstände. Fertig ist man mit den Themen, die hier wichtig sind, nie. Es gilt, in Gang zu bleiben – dem hinterher, der uns voraus ist: Jesus Christus.

Rotenburg (Wümme), im Oktober 2023

Klaus Priesmeier

Worum es geht: (zu glauben) empfangen, bewahren, bewähren, vollenden – ein Versuch

(zu glauben)

„(zu glauben)“ steht in Klammern. Das Wort gibt dem, was geschieht, eine Form, in der es kommunizierbar wird. Aber es geht nicht um „den“ Glauben, es geht um das, was im Glauben geschieht, sich ereignet, uns Menschen verwandelt. Und das geschieht im empfangen, bewahren, bewähren, vollenden.

Zu glauben, das ist: Sich darauf einzulassen. Sich einlassen, nicht: hinnehmen. Nicht zu „schlucken“, sondern hineinzugehen, zu entdecken, zu fragen. Nicht ein Lehrgebäude zu übernehmen, nicht Unverständliches zu akzeptieren. So ließ es die Frage an mich vernehmen: „Glaubst du eigentlich alles, was in der Bibel steht?“ Nicht so ist zu glauben, sondern so, sich zu Ihm in Beziehung zu sehen, zu Ihm, auf den auch die Geschichten der Bibel weisen in großer Vielfalt – und doch denselben erblicken, wie Er uns sieht, erkennt, dabei uns zuerst nicht im Auge, sondern im Herzen hat. Zu erkennen, wie Er mit seinen Menschen unterwegs ist. Seinem Blick auf und zu uns zu vertrauen, nicht den Bildern, die wir uns von Ihm machen, das ist es, worum es geht.

Er, der uns Unverfügbare, Geheimnis unseres Herkommens, Hingehens, momentanen Lebendigseins, der aus unserer Perspektive Namenlose, kommt uns dennoch mit einem Namen entgegen. JHWH, der Ich bin, Gott, der mitgeht, der sich erweist, der da ist und da bleibt (Exodus 3,13f.). Der „Gott der Väter“, den nicht wir erfinden, der uns schon voraus war und voraus bleibt. Der Kyrios, der Herr, der über allen Herren ist und die sich als solche aufspielen und der ihnen den Besitz von Menschen und Erde streitig macht. Im Christus ist er da, der uns sagt: Ich bin… Im Geist kommt er nah, zu uns, in uns. Lässt uns seinen Namen sagen. Lässt uns sein Herz spüren. Und ich stimme ein mit einem Lied aus Taizé: „Meine Hoffnung und meine Freude, meine Stärke, mein Licht: …“ Worte, die sich mir beim Singen in die Seele legen, Lebendigkeit spüren lassen, das Herz wandeln.

Diesem göttlichen Herzschlag für uns zu vertrauen, ihn zu hören – und Ihn mit seinem Namen zu nennen, wie Jesus, der sagt: Abba, lieber Vater. Das ist es, was „glauben“ ist, was aus diesem fast technischen Wort (das zu beschreiben sucht, wie etwas geht) Leben werden lässt. Wie immer das dann auch gesagt und bezeugt wird. Und das ist ja schon in den biblischen Quellen verschieden gesagt. Und darüber zu staunen, über dieses Zuwenden zu uns, dieses Beschenken an uns und für uns. Und es geht ja auch nicht so einfach auf mit dem, was in der Welt ist und auch in uns selbst. Und dann doch darauf zu vertrauen und in diesem Vertrauen Schritte zu wagen. Das ist, was es meint, zu glauben. Weder menschliches Konstrukt noch von uns ins Werk gesetzt, sondern Gottes eigene Gabe und sein Werk. Seine Geistesgegenwart: „Christus meine Zuversicht, auf dich vertrau ich und fürcht´ mich nicht…“ (aus Taizé).

Darauf zu vertrauen. Darin Halt und Stand zu finden. Darin einen gewissen Grund zu erkennen, auf dem ich nicht nur stehen, sondern weitergehen kann. Nicht mich vorrangig distanzieren und problematisieren, sondern: mich zu nähern, mich darin sowohl zu verwurzeln nach unten als zu verzweigen nach allen Seiten als auch nach oben zu wachsen. So zu leben, als ob das geht. Und erfahren: Es geht! Das ist: zu glauben.

Zu glauben, das ist: Es wagen, mich einzulassen. Mit meinem Gott über die Mauern zu springen, die mich hindern – und die manche für unüberwindlich halten. Doch ich springe, und das, ohne vorher alles sicher zu wissen. Denn Glauben ist dem Wort zu folgen, das mir Licht wird auf meinem Weg. Mit denen zu gehen, die denselben Weg suchen. Das ist: Nicht mich selbst für alles halten, sondern den finden, der mein „Ein und Alles“ ist. Den Weg zurück zur Quelle zu gehen, um den nach vorne ins kommende Reich Gottes zu finden.

Zu glauben, das ist: Grund zu erkennen, Ziel zu finden und dahin aufzubrechen. Stand zu finden, loszugehen. Mich nicht absolut zu setzen, mich relativeren zu lassen. Die Gegenwärtigkeit meiner relativen Person suchen in dem, der mich schon fand – Präsenz in der Gegenwart des absoluten Gottes. Seine Präsenz wirkt und fordert meine Präsenz heraus. Statt in nur reflektierender distanzierender Reflexion – die Präsenz im Absoluten zu suchen: den entdecken, der seine Absolutheit aufgab, um uns Menschen zu finden. Der Absolute wird relativ, der Allmächtige findet den Weg in die Ohnmacht, ohne die Macht zu verlieren. Er gewinnt sie neu und ganz anders.

Zu glauben, vertrauen, fest werden. Im Fragen, im Aufbrechen, im Loslassen. Ich glaube und frage nach ihm. Ich vertraue und breche auf aus Vertrautem. Ich werde fest und lasse los. Fragen, aufbrechen, loslassen hört nicht auf. Doch ich frage den, der gegenwärtig ist. Ich vertraue dem, der mich zu sich ruft. Ich lasse los, weil ich spüre, Festigkeit ist nur in Ihm. Er ist der Feste, der sich wandelt, der mitgeht, der sich erweist als der, der er ist, und der treu ist. Das Licht auf meinem Weg. Und Morgenglanz der Ewigkeit.

empfangen

Volle Hände können nichts empfangen. Leere Hände empfangen. Sie nehmen auf, was es zu empfangen gibt. Meine Füße wagen die Schritte an die Orte, wo es geschieht, zu empfangen. Dahin mache ich mich auf. Ich öffne mich, folge den geöffneten Gottesarmen, in die Jesus mich ruft. Diese Haltung des Empfangens gilt es im Glauben zu bewahren. Im Hören auf sein Wort ereignet sich das „zu öffnen" an mir. Das Empfangen hört niemals auf. Das ist im Leben auch so. Essen, Trinken, Atmen, Begegnen: immer wieder neu geschieht es. Wir machen Grundübungen beim Sport; es sind dieselben Übungen für Anfänger wie Fortgeschrittene. Denn es sind die Schritte und Bewegungen, auf denen alles weitere aufbaut und geschieht. Es geht immer wieder in dieselben Bewegungen hinein, auf die lasse ich mich ein. Sie bleiben. Der Anfang des Empfangens bleibt. An jedem Morgen ist er zu feiern: „All Morgen ist ganz frisch und neu des Herren Gnad und große Treu…" Glauben geschieht mit leeren Händen, er wird immer empfangen. Wir nehmen das Evangelium auf wie mit leeren Händen. Wir empfangen die Zusage, Gottes geliebte und gute Kinder zu sein. Wir staunen und wundern uns, keine Zufallsprodukte

zu sein, sondern seine gewollten und geliebten Geschöpfe. Er wendet sich uns zu wie ein guter Vater. Aus diesem Zuwenden kommen wir nicht nur, wir gehen auch da hinein. Machen können wir das nicht. Es ist pures Empfangen.
„Was hast du, das du nicht empfangen hast?" (1. Kor. 4,7) Dieser Erkenntnis gilt es zu folgen, sie gegenwärtig zu halten, sie als Haltung zu behalten. Ein Wachstum im Glauben, das sich darüber erhebt, ist ein Irrweg. Die Haltung des Empfangens hält in mir zweierlei wach. Einmal ist es die Einsicht in Gottes Voraussein bei allem, was geschieht. Dann ist es die Einsicht, die uns auch das Liebesgebot nahelegt: dem anderen in der Erkenntnis zu begegnen, dass wir dieselben Menschen sind, bei aller Verschiedenheit darin gleich, vom Empfangen zu leben. Darum erhebt der Glaube nicht über andere Menschen, sondern er stellt uns einander zur Seite. Er öffnet uns für die Wahrheit: Wir sind miteinander Empfangende. Und die, die das Empfangene teilen. Darin ist Leben.

Die Aufspaltung der Menschen in die Kategorien der Gläubigen und Ungläubigen führt in die Irre. Das bedeutet nicht, dass die Entgegensetzung von Glauben und Unglaube unsinnig sei. Es kommt alles darauf an, auf welche Seite wir setzen! Doch das Feld, auf dem dies geschieht, ist das Feld der prinzipiell Gleichen. Auf ihm hat keiner dem anderen etwas voraus, das er sich selbst zuschreiben könnte. Hast du dein Leben selbst gemacht, und stehst du über den Gaben und Geheimnissen deines Glaubens? Ist das Davor, das Woher, das Darüber und das Woraufhin nicht immer noch größer als du selbst es bist? Wer das vergisst, wird unerträglich. Er wird der Erde und den anderen Geschöpfen (nicht nur den Menschen) zur Last. Es ist – wenn überhaupt – nur sehr wenig, was Menschen anderen voraus haben können. Und immer kann der, den ich vielleicht verachtete, mir zum Lebensretter und Gefährten werden. Weder durch unseren angeblichen Glauben noch durch unseren angeblichen Unglauben – auf beides sind manche Menschen merkwürdigerweise stolz – stehen wir übereinander.

Wer im Empfangen bleibt, steht nicht über den anderen und nicht gegen die anderen, sondern er steht immer mit ihnen.

bewahren

Was es darin zu bewahren gilt, ist die Präsenz, die Gegenwart. Gott und ich treffen uns immer gegenwärtig. Nicht gestern. Nicht morgen. Immer heute, hier und jetzt. Was es zu bewahren gilt, ist das, was jetzt geschieht, nicht das, was gestern war. Gott bringt das Gestern mit, und er leitet ins Morgen. Ich muss mir um beides keine Sorgen machen. Zu bewahren, das ist keine Fortsetzung des Gestern und keine Vorwegnahme des Morgen. Im Glauben zu bewahren geschieht in der Gegenwart dessen, der alle Zeit in sich trägt. Wir versuchen oft andere Wege, zu bewahren, worauf es ankommt. Zwei dieser Irrwege deute ich an – mit zwei Witzen. Es sind Kirchenwitze über zwei große Persönlichkeiten des Protestantismus der letzten hundert Jahre. Witze sagen manchmal mehr als lange Abhandlungen.

Der erste: Ein Theologieprofessor kommt ans Himmelstor. Da er vermutlich die meisten bedruckten Seiten eines einzelnen Autors über christliche Dogmatik hinterlassen hat, sieht Petrus sich überfordert und übergibt den Ankömmling dem „Chef". Der zieht sich mit dem Himmelsaspiranten in einen Besprechungsraum zurück. Nach unendlich langer Zeit geht endlich die Tür auf, und dieser arme Mensch kommt Haare raufend herausgerannt und ruft einige Male verzweifelt: „Er versteht´s nicht!" Gott und die Dogmatik fanden nicht zusammen.
Der zweite: Einer kirchlichen Leitungsperson ergeht es ähnlich. Als sie am Himmelstor anklopft, wird entschieden, auch sie sei Chefsache. Gott aber ergeht sich gerade noch im Paradiesgarten. Es gilt zu warten. Im Himmlischen Thronsaal steht nun gerade der Gottessitz leer, warum also nicht mal sich draufsetzen? Sie macht es! Verzweiflung im himmlischen Hofstaat: Wie kriegen wir sie wieder runter? Petrus weiß Rat. Er geht hin, flüstert ihr etwas ins Ohr – die Person springt auf und rennt zum Himmelstor. Mensch Petrus, sagen die anderen

anerkennend – wie hast du das gemacht? Petrus zuckt nur die Schultern: War ganz einfach, habe nur gesagt: Fernsehen steht draußen!

Mir geht es nicht um diese beiden Personen. Mir geht es um das, was sie in diesen Witzen verkörpern. Worin versuchen sie sich und ihren Auftrag zu bewahren? Und das machen nicht nur sie so. Wir lachten nicht über diese Witze, wenn wir nicht auch etwas von uns selbst erkennen würden. Was uns hier begegnet, sind beliebte und verbreitete Strategien. Die erste: Wir versuchen, die Unsagbarkeit Gottes und das Geheimnis unseres Glaubens in Begriffe zu fassen und geistig zu durchdringen, um uns den Glauben anzueignen und auszudrücken. Das ist durchaus nicht grundsätzlich verkehrt – man muss nur sehen, dass es Grenzen hat. Wir werden das, worum es im Glauben geht, uns niemals in Worten und Systematiken verfügbar machen. Die zweite Strategie: In ihr machen wir uns nicht in unseren Gedankengebäuden fest, sondern in unserer Rolle vor und unter den anderen. Das kann so weit gehen, dass wir uns in den Funktionen begründen, die wir für andere und in der Gesellschaft ausüben. Am Ende empfangen wir unsere Lebendigkeit nicht aus Gott, sondern von der Beachtung und Reaktion der anderen und als Kirche von unserer gesellschaftlichen Rolle.

Auf beide Weisen, sowohl in dem Versuch, den Glauben gänzlich zu fassen und in Begriffen zu erklären, als auch auf dem Weg, sich über seine Rolle oder gar persönliche Bedeutung zu begründen, können wir den Glauben nicht bewahren.

(Darum werden weder Bildungseinheiten über den Glauben noch eine neue Eventkultur der Kirche Zukunft schaffen. Die Krise der Kirchen ist nicht vorrangig durch Wissens-, sondern durch Bedeutungs- und Plausibilitätsverluste bedingt. Darin gründet die Meinung oder besser das vielfach unreflektierte Gefühl, man müsse dazu gar nichts wissen. Und die Frage ist auch nicht, wie die Kirchen es schaffen, als Institutionen die Aufmerksamkeit der Menschen zu erringen, sondern die, womit und wie man denn bei ihnen dazwischen sein will.)

Man kann den Glauben nicht festhalten – weder im Kopf noch funktional in seinen Lebensbeziehungen. Man kann ihn auch nicht beweisen noch erweisen. Glauben lässt sich nur bezeugen von Menschen, die selber den Glauben nicht besitzen, sondern immer wieder empfangen. Nur so lässt er sich bewahren. Nicht von gestern her, nicht auf morgen hin, immer heute! Und nicht in Allgemeinheit, sondern in der Weise, wie je wir als Menschen uns von diesem Glauben verändern lassen.

Aufschlussreich finde ich, wie beide Witze in einem Fortlaufen von Gott enden. Wohin läuft der Professor auf den Fluren des himmlischen Pförtnerhauses? Zu wem läuft die medienbewusste Person, wo doch hier gar kein Fernsehen draußen steht? Vielleicht Gott in die Arme, der gerade aus dem Paradiesgarten heimkehrt? Oder…?

Unsere Worte und unser Denken sind ebenso wenig nebensächlich wie die Rollen, die wir unter den Menschen spielen. Zu denken und Rechenschaft zu geben, das haben wir zu tun. Uns zu den Menschen in Beziehung zu setzen und mit ihnen zu sein, das ist Teil unseres Lebens wie unseres Auftrags. Beides gilt es keineswegs zu denunzieren. Aber es gilt den schmalen Grat zu erkennen, auf dem wir dabei unterwegs sind. Unser Denken und unsere Worte machen es nicht, unser Tun und unsere öffentliche oder persönliche Bedeutung machen es auch nicht. Sie bewahren den Glauben nicht. In der Erkenntnis solcher Grenzen soll Papst Johannes XXIII. an einem sorgenvollen Tag einmal gesagt haben: „Herr, es ist deine Kirche. Ich mache jetzt Feierabend.“

Es ist deine Kirche, und ich bin dein. Und ich empfange von dir, zu dir zu gehören und Glied deiner Kirche zu sein. Denn du stellst mich zu den anderen. Von dir und mit ihnen empfange ich mein Leben und Glauben – und teile beides. Ohne diese gelebte Haltung gibt es auch nichts zu bewahren.

Wir kommen in Deutschland und zum Teil auch in anderen Ländern Europas von einer Kirche her, die ihre äußere Bewahrung in die Hände der Fürsten und Könige gelegt hatte. Wir kommen von einem Konzept her, in dem Macht, Glaube, Leben und Wissen als eine Einheit gehandelt wurden, in der sich eins aufs andere bezog – stützend, begründend, erschließend, erhaltend. Der Glaube war darin eine öffentliche Angelegenheit. Diese Situation ist dahin; dafür stehen in Frankreich die Revolution von 1789 und in Deutschland das Ende des landesherrlichen Kirchenregimentes 1918. Das alte System ist zerbrochen und überholt. Es ist nicht zu bewahren; gegenwärtig erleben wir immer deutlicher seine Unhaltbarkeit. Es ist Zeit für andere Wege. Und wir (die wir auf den Wegen der Geschichte unserer Kirchen herkamen und sie nun anders weitergehen werden) müssen uns fragen, was aus all dem folgt, worin unter den alten Bedingungen wir als Kirche den Glauben nicht bewährt, sondern immer wieder auch verraten haben. Kann man darüber hinweggehen und einfach immer nur weitermachen? Es ist vielen bewusst, dass das nicht geht.

bewähren

Wer den Zugang zum Gottesquell des Glaubens und die Beziehung zu den anderen, in der der Glaube lebt, bewahren will, der macht die Erfahrung, bewahren geht nicht ohne bewähren. Wir werden in Herausforderungen gestellt, mit denen wir umgehen und die wir bestehen müssen.

Dabei ist uns nicht von vornherein alles klar. Was wir brauchen, sind klare Bezugspunkte, von denen her wir Wegweisungen und vielleicht hier und da sogar Lösungsansätze finden. Traditionell gelten Bibel und Bekenntnis als solche festen Bezüge. Aber wir leben in einer Zeit, in der durchaus unklar ist, was das tatsächlich bedeutet. Mitunter gibt es in den Kirchen Streit um diese Frage. Immer wieder aber auch umlaufen wir gerne die kritischen Punkte und versuchen, Klarheit zu vermeiden. Nach innen hin wollen wir keinen Streit und Verhältnisse, in denen wir miteinander auskommen. Nach außen hin wollen wir niemand verschrecken und nicht noch mehr Mitglieder verlieren. Dann bewahren wir nicht und bewähren wir nichts, denn eigentlich stellen wir uns mit so einem Vorgehen tot. Wo also ist der Punkt, ist die Linie erreicht, an der so ein Verhalten auf keinen Fall mehr geht? Wo wird unser Verhalten zum Versagen und unser Tun und Lassen unerträglich? Das sind Fragen, die kaum gestellt werden. Wo es ums Bewähren des Glaubens geht, müssen sie gestellt werden. Und es muss gesagt werden, worin dieser Glaube besteht und wo er sein Zentrum hat.

Vom Ansatz einer reformatorischen Kirche her steht am Anfang das Ereignis des Evangeliums in Jesus Christus – wiederum nicht nur in historischer Sicht, sondern in durchaus existenzieller. Das historisch erkennbare Evangelium ist zwar von inhaltlich grundlegender Bedeutung, es bleibt mir persönlich aber bedeutungslos, solange ich die Worte Jesu nicht auch an mich gerichtet höre: Heute muss ich bei dir zu Gast sein! (Lukas 19,5) Christus ist immer zu glauben als der Gegenwärtige, der der Kommende ist. Bei uns ist er weitgehend im Vergangenen verschwunden (und hinter angeblichen „Werten", was immer das sein soll). Christliche Kirche – und nichts anderes wollte Evangelische Kirche von ihrem Ursprung her doch sein – ist Kirche, die sich auf Jesus Christus bezieht und in ihm Grund, Maß und Ziel findet. Aus dem Ereignis des Evangeliums, das Menschen verändert und eine neue Gemeinschaft hervorruft, entstanden Gemeinden und die christliche Kirche. Muss nicht alles, was sich bis heute und morgen christlich nennt, darauf beziehen? Und das nicht als Bezug auf eine vergangene Geschichte, sondern auf einen lebendigen Herrn, der uns gegenüber ist und bleibt und der uns auf dem Weg voraus ist?

Bei uns ist dieser Bezug oft wie in die zweite Reihe gerutscht, und in der ersten stehen wir selbst. Der Selbstbezug wurde weithin dem Christusbezug vorrangig. Im Mittelpunkt stand oft nicht mehr Jesus und seine Botschaft, auch nicht die Bedeutung seines Lebens, Sterbens und Auferstehens. In die Mitte trat die religiöse und sittliche Persönlichkeit, das Selbstverständnis des einzelnen und der jeweiligen Konfession. Das Evangelium, das uns von Jesus Christus her immer neu begegnet, droht dabei im Selbstbezug unterzugehen. Dann laufen wir nur noch wie im Kreis.

Es ist nicht so leicht, hier zu der notwendigen und klaren Differenzierung zu kommen. Denn wir sind uns ja (schon ganz natürlich gesehen) immer erst einmal selbst unsere Existenzmitte. Davon können wir unsere Wahrnehmung, unser Denken und Wollen nicht einfach dispensieren. Und was wir von uns selbst denken und für uns selbst hoffen, bleibt andererseits mit dem verbunden, wie wir uns von Jesus Christus her erkennen dürfen. Man darf hier keine falschen Alternativen aufbauen. Wer sich aber nur selbst in die Mitte gesetzt sieht und das Ereignis des Evangeliums nur als Randphänomen wahrzunehmen bereit ist, der wird den christlichen Glauben auch nicht bewähren können, sondern der Glaube wird ihm untergehen. Das bleibende und sich voraus befindende Gegenüber Christi bleibt konstitutiv. Sonst löst sich mit dem Fehlen dieses Bezuges das Christliche auf. In allen Einzelfragen des Glaubens und in den Entscheidungen unseres Lebens uns an Ihn zu halten, das ist der unverzichtbare Grund unseres Glaubens. Andernfalls wird der Glaube nicht bewährt, sondern vertan. Gute Früchte wachsen am Weinstock, nicht irgendwo. Was sollen wir ohne Ihn tun?

Wir neigen dazu, uns selbst für klug zu halten, weil wir unter 0 und 1 digital gespeichertes Wissen jederzeit und fast überall abrufen können. Wir merken oft gar nicht mehr, wie sehr uns die Weisheit fehlt, damit umzugehen: Wer erhält dieses Wissen wozu? Die Nuancen, Schattierungen und Zwischentöne zwischen 0 und 1 nehmen wir kaum wahr. Die unterschiedlichen Perspektiven verlieren wir aus den Augen. Null sagt: So ist es nicht. Eins sagt: So ist es. Die Gewissheit, wer und was uns trägt und wohin wir unterwegs sind, scheint vielfach abhandengekommen. Was also ist unser Wissen, was macht es mit uns, wenn es nun auch von Künstlicher Intelligenz in Besitz genommen wird? Unser Wissen macht gewissermaßen ratlos. Und alles Wissen nützt nichts, wenn sein Zusammenhang unklar bleibt und ein entsprechendes Handeln nicht gelingt.

Christlicher Glaube wächst aus der Gewissheit, in der Orientierung an Jesus Christus den Grund zu finden, auf dem ich in Gewissheit stehen kann; doch ist es kein Stehenbleiben, sondern ein Weg tut sich auf, den ich gehe. Festigkeit und Flexibilität spielen zusammen, ich setze meine Füße auf festen Grund, und ich setze meine Schritte voran. Ich erfahre eine Festigkeit, die mich nicht festsetzt, sondern befreit. Und ich gehe voran. Im Gehen spielt sich mir das Leben zu in seiner ganzen Lebendigkeit. Der Weg, die Wahrheit und das Leben, die in Christus sind, spielen sich mir zu. Ein immer neues Geschehen.

Es wird ein Bewähren des Glaubens auf der Gratwanderung zwischen Himmel und Erde! Das ist kein Anwenden einer geistigen Theorie auf das irdische Leben hin. Das ist kein Dahinter oder Darüber, das von uns ins irdische Hier und Jetzt gezogen wird. Das ist ein Ineinander, so wie mein Leben ein Ineinander ist von Erdling sein (aus Erde und zur Erde gekommenem Sternenstaub bin ich gemacht) und dem himmlischen Odem (der mich über mein Erdensein hinaus ein- und ausatmen lässt). Der letzte Atemzug soll dann beides sein: ein sichtbares Hinab wie ein unsichtbares Hinauf.

Das Bewähren des Glaubens geschieht immer wieder in einem Konflikt. Der entsteht wesentlich durch die Eigenart von Glaubenssätzen und Glaubenszusagen. Solche Sätze geben keine in das für uns Bestehende und selbstverständlich Seiende integrierbare Information. Sie stellen uns vielmehr in eine neue Situation. Auf einmal sind wir solche, die von dem angeredet sind, aus dem wir kommen, aus dessen Kraft wir leben, zu dem wir gehen. Glaubenssätze sind Sätze, die uns nicht einfach bestätigen. Sie transzendieren, sie verwandeln uns. Sie machen aus uns veränderte, neutestamentlich gesagt neue Menschen. Wo das geschieht, ereignet es sich immer hier und jetzt und heute. Es hebt uns über das Historische hinaus wie die Ewigkeit „über" der Zeit ist, doch wir bleiben trotzdem in Zeit und Geschichte. Aus denen aber erklärt sich diese Erfahrung nicht. Sie geschieht uns wie von anderswo her.

Es ist unsere Theologenkrankheit, aus Zeit und Geschichte heraus erklären zu wollen, was darin nicht erklärbar ist. Im Bemühen, bei unseren Erklärungen nichts verkehrt zu machen, versäumen wir, es richtig zu machen. Und richtig heißt: mit dem eigenen Nichtkönnen anzufangen und den Anfang Gottes mit uns zu suchen. Das Wort des

Glaubens ist nicht verrechenbar, es stellt uns immer neu in die Kommunikation mit der Dimension, die vor uns, über uns, nach uns ist. So gesehen geht es im Glauben immer um die Unterbrechung des uns Selbstverständlichen. Das Bemühen der Kirche und auch in der Theologie, das, worum es im Glauben und im kirchlichen Leben geht, am uns Selbstverständlichen zu messen und zu orientieren, endet immer in der Aporie. Denn gerade darum geht es im Glauben eben nicht. (Man lese dazu Johannes 6,28ff.)

vollenden

Was in der Kommunikation mit dem uns Unfassbaren geschieht, ist ein Anfang, dessen Ende wir nicht kennen und nicht etwas, das wir zum Abschluss bringen könnten. Wer meint, sich selbst vollenden zu sollen oder gar zu müssen, gerät unter Zwang. Wer im Geist des Herrn lebt, erfährt Befreiung und Freiheit, und die wird uns immer neu herausfordern. Wir werden damit nicht und niemals fertig sein, solange wir in dieser Welt sind. Wir aber würden so gerne als die Fertigen dastehen, die etwas haben, was die nicht haben, mit denen wir angeblich fertig sind. Funktioniert aber nicht!

Es hat schon bei Jona nicht funktioniert, der alles innerhalb seines Glaubenssystems hatte geregelt sehen wollen. Dabei war er von Anfang an skeptisch gegen seinen Gott, dem die vielen Menschen in Ninive und sogar all das Vieh noch wichtiger waren, als ein Exempel nach einem theologisch-ethisch klaren Prinzip zu statuieren. Nun hadert Jona mit seinem Gott. Der scheint weder ein Dogmatiker noch ein Fanatiker zu sein. Er lehrt uns, in aller Vorläufigkeit der Spur seiner Wahrheit zu folgen, ohne zu meinen, wir könnten sie (oder gar Ihn) besitzen. Und dann auch noch die Dinge nach unserem Willen regeln.

Auch Jesus lehrt, das Unkraut unter dem Weizen – und wie ähnlich sieht es dem zunächst! – nicht auszureißen. Es gilt wachsen zu lassen und abzuwarten. So wie Gott bei Ninive abwartete. Das bedeutet ja nicht, untätig zu sein. Dranbleiben an Ihm, unterwegs bleiben in Seinen Spuren, das ist es, was von uns erwartet wird. Kein Rundumschlag. Und schon gar nicht sowas wie ein Jüngstes Gericht, das wir teilweise schon in die sozialen Medien verlagert zu haben scheinen.

Wir haben nicht zu vollenden. Wir haben unseren Teil zu tun, und dann machen wir Feierabend. Wir überlassen das Vollenden getrost einem anderen. Doch nicht wir entscheiden, wer und was sich auf welche Weise vollendet oder verkommt. Zum einen liegt es an der Sache selbst, die wir gewählt haben und der wir folgen. Was der Mensch sät, wird er ernten. Zum anderen ist es nicht das Urteil der Menschen, das letzthin gilt. Das Heil liegt darin, sich der Wahl zu überlassen, die Gott in Christus schon getroffen hat: „ich habe euch erwählt“ (Johannes 15,16). Dieser Wahl ist nichts hinzuzufügen, denn in ihr ist Gott der allein Handelnde und Wirkende.

Darum gilt es, sich nicht in Thesen und für Programme zu ereifern. Schnell sind wir dann bei der in Apostelgeschichte 19,32 geschilderten Erfahrung: „Dort schrien die einen dies, die andern das, und die Versammlung war in Verwirrung, und die meisten wussten nicht, warum sie zusammengekommen waren.“

Nicht so zu enden, sondern das Bewusstsein davon, eine Vollendung erfahren zu sollen, gehört zum „(zu glauben)- zu empfangen, zu bewahren und zu bewähren“ dazu – und es weckt in mir nur noch die eine Frage: Wie heute mein Weg in und mit Christus geht. Und das nicht nur für mich, sondern mit den anderen. Alles andere ist eitel und ein Haschen nach Wind. Fragen und Weisen, die von diesem Kerngeschehen absehen, sind nutzlos. Sie suchen vielleicht die Welt und die eigene Zukunft zu gewinnen, aber wir verlieren darüber unsere Seele, das ist: die Lebendigkeit aus und in Gott. Aus ihr gilt es zu leben, in ihr zu bleiben. In ihr werden wir eins mit ihm – von uns nicht machbar, aber verheißen. „Alles, was Odem hat, lobe den HERRN!“ (Psalm 150,6) Dieses Lob zieht uns in Seine Zukunft, das Beklagen unserer Gegenwart dagegen hält uns in einer Vergangenheit fest, die es so niemals gab. Ich aber will mich an Seine Zukunft halten! Wer das tut, der muss die eigene und die der Kirche nicht mehr ausrechnen. Diese Rechnung wird sowieso nicht stimmen. Ich lasse also das Rechnen sein und entdecke mich und die um mich auf einem ganz anderen Weg. Erkennen kann ich den freilich nur so, auf Jesus zu sehen.

Das Nichtkönnen lernen – es zu können. Was es im Glauben zu lernen gilt.

Vorspiel

Was ist für einen Menschen in unserer Kultur und Gesellschaft heute zu können wichtig? Um wen oder was es dabei auch geht – immer wieder hört man das Wort Kompetenz. Kompetenz worin und wofür? Für die Fähigkeit, Leben zu verstehen und es handelnd zu ergreifen. Die Zuspitzungen fallen in den einzelnen Lebensbereichen sehr verschieden aus. Allen Kompetenzbereichen oder -perspektiven gemeinsam ist aber der Ansatz, das Können des Menschen zu unterstellen, zu fördern, zu entwickeln. Der Mensch ist der, der was mit dem Leben machen kann. Anders als überwiegend instinktgesteuerte Tiere ist der homo sapiens das Lebewesen, das um sich selbst weiß. Er entwirft nicht nur seine Welt, er entwirft und lebt auch sich selbst. Menschliche Kompetenz umfasst somit nicht nur eine sachliche Perspektive. Es geht nicht nur darum, „etwas" zu können oder bestimmte Abläufe zu beherrschen. Nichts weniger ist gefragt, als menschliches Leben zu können! Kompetenz für sich selbst ganz individuell, aber auch für die eigene Art, also die Menschheit, den Planeten, ohne den der Mensch nicht sein kann; schon im biblischen Hebräisch heißt Mensch „Erdling" (adam von adamah, Erdboden).

Verliebt ins Machen und dessen Gelingen ist der Mensch. Muss er es nicht sein? Muss er sich nicht zeigen in seiner Kompetenz? Für ihn hängt ja „Alles" daran. Und „Alles", das heißt vor allem: er selbst. Der Mensch sieht sich selbst als Mitte seiner Welt. Er ist sich selbst Ausgangspunkt und Ziel seines Verstehens und Handelns. Doch gerade diese Selbstbezüglichkeit zeigt sich bald als eine nicht folgenlose Engführung. Der Mensch droht, seine Bedingtheit zu vergessen und seine Begrenztheit zu überspielen. Diese Bedingungs- und Maßvergessenheit des Menschen kostet ihn nach dem Mythos der Paradieserzählung am Anfang der Bibel das Paradies. Das frühe Christentum interpretiert diese Geschichte negativ als Schuld einer nicht bestandenen Versuchung. Spätere abendländische Philosophie interpretiert sie positiv als Schritt menschlicher Eigenverantwortung in seine Selbständigkeit und Besonderheit in der Welt dahin, der Wissende und Handelnde in ihr zu sein. Der Mensch wird zum Agenten seiner eigenen Freiheit, sich selbst und die Welt neu zu entdecken und anders zu verwirklichen, als die bislang gültige Tradition ihm vorgab. So jedenfalls die Theorie.

Was aber kann der Mensch wissen, was kann er können, und wovon hängt das ab? Welche Kompetenz für sich selbst braucht er? Die Erzählungen der Urgeschichte halten uns Menschen dazu den Spiegel vor. In dem erkennen wir ein versuchbares Geschöpf. Unser vermeintliches Können ist bedroht von dem Verlust des Blicks in die Weite, stattdessen drohen wir uns auf etwas zu fixieren, das uns emotional gerade besonders beansprucht (Adam und Eva im Angebot, Erkenntnisgewinn zu erzielen in Genesis 3; Kain in seinem Grimm gegen Abel, aus dem er nicht mehr aufschaut in Genesis 4; die völlige Selbstbezogenheit der Menschen in der Sintflutgeschichte Genesis 6- 8, worin der Mensch nur noch für seine Selbstdurchsetzung steht, bis hin zur bösesten Gewalt; die Leugnung jeder Begrenztheit im Bestreben, den Turm an den Himmel zu bauen in Genesis 11). Immer wieder gerät der Mensch in diese selbstbezügliche Enge (und die scheint er für sich selbst mit der Weite seiner Handlungsfähigkeit zu verwechseln): Er folgt der Versuchung des Selbstgewinns; er wird überspült von seinem Grimm; die Selbstfixierung gebiert ihm seine Bosheit; sein Größenwahn lässt ihn nicht an den Himmel reichen, sondern provoziert Katastrophen. In seiner Selbstbezüglichkeit greift er danach, alles zu können, die Weite und Höhe seines Lebens zu erringen; doch er erfährt das Gegenteil. Die Weite und Höhe verpasst er, weil er sich auf sich selbst fixiert. Seine ihm eigene Existenz ist nun mal in und auf ihn fokussiert. Indem er sich gerade darauf fixiert, verliert er die Kompetenz für sich selbst, denn er ist nicht nur er selbst für sich. Er hat ein Herkommen und ein Hingehen. Er beginnt nicht mit sich selbst, und er endet nicht in sich selbst. Wie kommt er zu der Kompetenz, in der ihm dafür die Augen aufgehen? Stattdessen erliegt er der Versuchung, schon in sich und für sich mehr zu sein als das, was er ist. Genesis 3 interpretiert das in dem Wunsch, wie Gott zu sein, Genesis 11 in dem Bild, an den Himmel heranzureichen.

Muss und soll also der Mensch genau das können und verstehen? Was und wozu ist seine Kompetenz, sein Können? Was ist und wie gestaltet sich sein Können in die Richtung seiner selbst, der Welt, der Religion und Gott? Gliedert sich religiöse Kompetenz in dieses allgemeine Kompetenzstreben nahtlos ein – ist sie also dazu angetan, dem Individuum bei seiner Singularisierung beizustehen, ihn mit Formen und Inhalten zu versorgen, in denen es auftreten und Zustimmung erfahren kann? Oder steht sie gerade dafür nicht, sondern für einen Bruch oder eine Unterbrechung solchen Bemühens? Und wie gelangen wir mit unserer doch kurzen Lebenszeit und – gemessen an der unermesslichen Wirklichkeit des Universums – doch relativen Bedeutungslosigkeit zu einer religiösen Kompetenz? In der geht es ja immer um „Alles“, und das ist eben immer noch mehr und anders als nur wir selbst. Ist hier nicht auch ein gewisses Nicht-Können dieses „kleinen“ Menschen zu vermuten? Wir würden so gerne können, am liebsten alles können. Was aber können wir wirklich, und wo gilt es, auch unser Nichtkönnen zu bewahren und zu reflektieren?

Was ich als Kind vom Glauben lernte, oder: Wo hat der Junge das denn her?

Ich selber bin in einer Familie aufgewachsen, in der Glaubensfragen kein Thema waren (jedenfalls keine kommunizierbaren). Der Glaube, an den sich Fragen hätten richten können, war da nicht. Das ist kein Vorwurf, es ist eine Beschreibung. Glauben, das konnten wir nicht. Zur Kirche gehörten wir, weil alle dazu gehörten. Religiöse Fragen spielten keine Rolle, vom Glauben hielten wir uns fern, in die Kirche gingen wir nicht mal zu Weihnachten. Ob ich glauben könne, war mir keine Frage. Ich tat es nicht, jedenfalls nicht im Sinne eines christlichen Bekenntnisses. Irgendwelche Vorstellungen hatte ich schon, aber die waren wohl etwas durcheinander, also: irgendwie. Ein wenig war es wie ein Gottsbild á la Peterchens Mondfahrt. Die Mutter lehrte uns zwar ein Abendgebet, was aber in der Merkwürdigkeit geschah, dass sie selber meinte, „da ist nichts“. Zu wem haben wir dann aber gebetet? Der Vater war, nicht nur in Glaubensdingen, persönlich eher unkenntlich – wie viele Männer der Kriegsgeneration damals so waren; da fand sich vieles nur in unauslotbaren Tiefen. In mir tat sich jedenfalls eine tiefe Selbstverständlichkeit der Tatsache auf, dass Glauben nicht wichtig ist. Wir, meine Familie, konnten ihn nicht. Unsre Freunde auch nicht. Da wir darüber aber auch so gut wie niemals sprachen, war uns unser Nichtkönnen selbstverständlich. Ein Defizit war nicht zu spüren; erst als Student habe ich es deutlich bemerkt. Diese Lücke war einfach da, dieses Nichtkönnen des Glaubens – und wurde nicht mal wirklich bemerkt.

Wie ein Phantom, um nicht zu sagen, wie ein Gespenst war dieses Nichtkönnen. Es war uns selbstverständlich, und darum bis auf wenige „Geisterstunden", wo es wie ein unheimliches Thema über uns herfiel, auch kein Thema. Das unterscheidet mich von etlichen anderen, die ganz anders aufgewachsen sind. Sie erlebten noch eine gewisse Selbstverständlichkeit von Glauben, von Dazugehören dieser Dimension zum Leben. Es mag eine Selbstverständlichkeit gewesen sein, die ihnen das Gefühl von „glauben können" vermittelte: ja, man kann das. Diese Situation hat aber sehr abgenommen, für die Generation meiner Kinder kann ich sie nur noch in Ausnahmefällen finden. Das Nichtkönnen des Glaubens – ist es inzwischen Normalität? Und zu der gehört, dieses Nichtkönnen nicht einmal mehr zu bemerken, es schlicht für „normal" zu halten. Es scheint selbstverständlich geworden, es ist kein Thema.

Die Frage, ob wir glauben können oder nicht können, führt uns an Grenzen. Im Glauben lasse ich (ein kurzweiliges irdisches Phänomen Menschenleben) mich ein auf den ewigen Gott: ein sehr ungleiches Paar! Die Frage, ob i*ch* glauben *kann*, distanziert mich von der göttlichen Wirklichkeit und stürzt mich in meine nur eigene: was mein Glaube denn sein könne und wie ich ihn leben könnte (immer Konjunktiv!). Somit finde ich mich auf diesem Weg in Differenz von Gott, und ich distanziere (entferne) mich aus dem Bedingungsfeld, in dem Glauben allein möglich würde (und ich bin damit immer noch im Konjunktiv). Das Bedenken der Frage, ob ich glauben *kann*, gleicht somit dem Laufen im selbstbezüglichen Kreis. Was mich hinaus aus dem Kreislauf hin auf einen Weg mit Richtung und Ziel brachte, war die Begegnung mit biblischen Personen und Geschichten. Von denen erzählten mir andere. Sie nahmen die gespürte Distanz fort, denn mit ihnen brach der beständig im Konjunktiv verbleibende Kreislauf in mir selbst ab, er erhielt Richtungsimpulse und erfuhr Kraft, diese wahrzunehmen. Richtung wie Kraft begründeten sich dabei vor allem in der Verkündigung Jesu vom nahen Gottesreich und in der Begegnung mit seiner Person.

Was es braucht, um Glauben zu können

Was braucht das Leben, Wirken und Handeln im christlichen Glauben? Es braucht wie alles Handeln einen Ort, an dem das lebendige, wirkende und handelnde Subjekt steht. Wer handeln will, braucht Energie, braucht Kraft, die er oder sie einsetzen kann. Das gelingt aber nur, wo sich – schon rein physikalisch gesehen – die Kraft aus dem Stand bzw. der mit ihr verbundenen Bewegung entwickelt (und wo sich überhaupt ein Körper mit den Kräften der Schöpfung erhebt, erkennbar und handlungsmächtig wird). Dazu braucht es in aller Regel einen Kontakt mit dem Boden, auf dem wir zu stehen kommen, und das nicht irgendwie, sondern in einer Haltung, die Stand hat und Halt gibt. Es geht um eine Haltung, die das Ruhen auf dem Boden in Verein mit der eingenommenen, eigenen Körperfigur (und - ausrichtung) so konzentriert, dass unsere Bewegung gezielt und so energisch wie kräftig zum Einsatz kommen kann.

Das lernte ich sowohl beim Karate wie in der ethischen Theorie: „Jedes Handeln braucht einen Ort, wo ich stehe.“ Daraus folgt: die Erdung (Bodenkontakt; ohne den Bezug zu den natürlichen Kräften hat auch der Mensch in mehrfacher Hinsicht keine Kraft), die Übung (der mit der Haltung in Beziehung stehende Habitus verweist schon vom Wort her auf das Üben), die innere Klarheit über diesen Ort. Ohne diesen Ort, auf dem ich in Gewissheit und Zutrauen stehe (fest, aufrecht, erhoben = nach oben hin aufgerichtet, klaren Blickes), wird es mit dem Handeln schwer. Die Ursache ist klar: ich kann dann die Kraft nicht angemessen konzentrieren (z. B. in einem wackligen

Stand) und nicht gezielt einsetzen. Die Aufmerksamkeit und Kraft, die ich für die Handlung brauche, verliert sich in zu großen Anteilen in der Konstituierung meiner selbst – die aber doch die Voraussetzung meines Handeln-Könnens ist. Solange ich noch um meinen eigenen Stand besorgt bin, ist mein Handlungsvermögen eingeschränkt. Und solange ich nicht weiß, wem ich in welche Richtung hinein vertrauen und folgen kann, bleibt auch die scheinbar beste Haltung ziellos und dem Irrtum ausgeliefert.

Vor der Frage, wo das Subjekt des christlichen Handelns den Ort seines Stehens findet, ist zu beachten, wer überhaupt dieses Subjekt ist. Nach der Weise, in der wir zu leben und zu denken lernten, wird uns Mitteleuropäern (Protestanten zumal) natürlich zuerst das Individuum einfallen. Dessen Glaube kommt freilich nicht aus dem eigenen Selbst, sondern aus dem Hören auf die Stimme des Evangeliums, wie Paulus Röm 10,17 sagt: „So kommt der Glaube aus der Predigt, das Predigen aber durch das Wort Christi." Fridolin Stier übersetzt korrekter: „Also kommt der Glaube aus einer Kundgabe, die Kundgabe aber durch des Messias Wort." Kundgabe ist ein laut werdendes Wort, das zu hören ist – und dieses Wort kommt von Christus her. Darin und daran hängt der Glaube. Dieses Wort beruft den einzelnen nun aber nicht in und für sich selbst, es ruft und stellt ihn zugleich in die Gemeinde. Der einzelne wird aus der Welt heraus- und in die Gemeinde hineingerufen, weshalb diese Ekklesia heißt, die Herausgerufenen. Herausgerufen ist der einzelne aber auch aus seiner Individualität und in einen Zusammenhang gestellt, den Paulus als einen Leib beschreibt, in dem wir untereinander Glieder sind. Der im Glauben handelnde Leib ist folglich nicht nur der des Individuums, sondern dieses Individuum verhält sich zu den anderen in der Gemeinde wie ein Glied zu den anderen in einem großen Leib. Das bedeutet, dass von diesem Ansatz her christliches Handeln nie nur als Individualethik beschreibbar ist und auch konzeptionell einen weiteren Ansatz braucht. Und dann noch weiter: Diese Gemeinde des Leibes Christi steht wiederum nicht nur für sich selbst in der Welt, sondern als hörender, redender, empfangender und tätiger Zeuge für den, dessen Tragen und Ertragen allen Menschen gilt. Er ist das Haupt des Leibes. Der Ansatzpunkt des Glaubens liegt eben nicht mehr in uns selbst, sondern darin, dass Er uns trägt und erträgt. In diese Horizonte gilt es christliches Handeln einzuzeichnen. Auch wenn es immer wieder auf einzelne zuläuft, ist es doch immer in seinem weiteren Zusammenhang zu sehen.

Das ist auch deshalb gut und wichtig, weil einzelne nie der hier gestellten Aufgabe gerecht werden können. Dazu braucht es ein Miteinander und die Zugehörigkeit zu einer überindividuellen Dimension, aus der zu schöpfen das individuelle Handeln angewiesen ist. Eine wesentliche Voraussetzung dabei ist der Glaube. Auch den kann ich alleine und aus mir heraus nicht können, ich bin dazu angewiesen auf die Botschaft vom Glauben, die mich erreicht, auf den Geist, der Gewissheit schenkt und die Aufnahme des Glaubens unter den Menschen, mit denen ich ihn teile. Ihre Begleitung, Gemeinschaft und Geleit brauche ich zum Glauben – und zum Leben im Glauben, zum Handeln, das gemeinsame Tun. Darin muss keine und keiner alles können und tun. Darin muss keine und keiner ein Glaubensheld oder Heldin sein, sondern einander gegebene und aufgegebene Menschen, die einander tragen und ertragen (und damit im Wirken Christi stehen).

In einer Kirche, die in hohem Maße zur Institution geworden ist – und damit für viele auch anonym – stellt sich die Frage: Wo finden wir jeweils unseren Ort, der uns über die individuelle Struktur hinaushebt, und die Gemeinschaft und die Kraft gibt, in je der eigenen Weise auch leben und handeln zu können? Das oben zu Glauben und Handeln Ausgeführte steht doch in nicht zu übersehender Spannung zu unserer kirchlichen Normal-Wirklichkeit, die auch ein Spiegel der individualisierten Gesellschaft ist. Doch ohne Antwort auf die Fragen nach Ort und Gemeinde bleiben wir vereinzelt, und das bedeutet eben auch: Wir drohen im Zustand des Nichtkönnens stecken zu bleiben. Glauben braucht das Teilen und Bezeugen untereinander und die Offenheit in die umgebende Welt hinein, deren Teil wir sind. Um Glauben zu „können“, brauchen wir also das Wort, das wir hören und das uns heraus- wie zusammenruft. Wir brauchen das Wirken des Geistes, der uns die Erkenntnis Christi nicht nur in den Kopf bringt, sondern der ihn uns in unser Herz fallen lässt. Wir brauchen die anderen, mit denen wir diese Erfahrung teilen – und wir brauchen die um uns herum, zu denen sie ausstrahlen soll und die zu tragen wir mit berufen sind. Spätestens hier ist klar: das kann keiner allein und für sich. Als einzelne drohen wir immer in unserem Nichtkönnen stecken zu bleiben. Ohne das (be-)rufende Wort des Evangeliums, ohne die belebende Gabe des Geistes und ohne die Gemeinschaft gibt es hier nichts zu können. Für mich allein und für das, worum es im Glauben geht, wird mir klar: Ich kann ihn alleine nicht können. Diese Einsicht braucht es, um Glauben zu „können".

Die Zeit, in der das Können (angeblich) noch gekonnt wurde

Vor allem im Mittelalter, aber auch noch bis Jahrhunderte danach, waren in Europa Versuche erkennbar, ein einheitliches Konzept von Herrschaft und Glaube, von Wissen und Leben umzusetzen. Darin war alles aufeinander bezogen und sollte in- und miteinander aufgehen. Es war der Versuch einer in sich stimmigen Welt, in der Macht, Glauben, Wissen und Leben in einem angeblichen Einklang miteinander eine christliche Welt hervorbringen sollten. Da sich darin auch der christliche Glaube schlüssig nahelegte, ging man natürlich davon aus, dass der Mensch einer ist, der glauben kann. Er hatte dazu nur den Anweisungen der weltlichen und geistlichen Obrigkeit zu folgen und sich in die daraus ergebenden Lebenskonzepte einzufügen. Dieser groß angelegte Versuch darf heute als gescheitert gelten. Die Konstruktion einer christlichen Welt misslang.

Individuelle Spielräume oder gar Freiheitsrechte waren dabei eh nicht vorgesehen. Aus heutiger Sicht mag es einen vor so einer Welt gruseln. Ist das nicht eine völlige Entfremdung der Menschen von sich selbst, eine Verachtung ihrer Individualität, ja, eine Diktatur? In dieser fertig erscheinenden, selbstgewissen Welt scheint ja festgelegt, was ich zu glauben, wie ich zu leben und was ich in welcher Weise zu wissen habe. Solche Verhältnisse wollen wir, jedenfalls in der westlichen Welt, nicht mehr haben. Wir empfinden das als eine autoritäre Gesellschaft.

Es gibt nun aber auch eine Kehrseite unserer Welt, deren Freiheit wir rühmen. In ihr fragt sich ein jeder Mensch für sich selbst, wer er ist und wozu er überhaupt da ist. Und er fragt sich: Was kann *ich* überhaupt glauben? Wie soll und wie will *ich* leben? Wer bin ich, und in ganz besonderer Form und Erscheinung auch ICH? Und was kann ich wirklich wissen? Das feste Konzept, in dem alles nicht nur eines, sondern auch klar war und insgesamt rund: es ist nicht mehr. Mag sein, es war sowieso eine Illusion. Sie scheint mir unwiederbringlich zerbrochen. So was kriegen wir nicht mehr zusammen. Zum einen lässt das befreit aufatmen, es eröffnet Spielräume, Leben wie Glauben zu wagen und zu versuchen. Zum anderen bringt es aber auch die Fragen hervor: Wer oder was sind wir nun noch miteinander? Und: Woraufhin? Und was und wozu ist eigentlich die Kirche?

Die Gewissheit, wie Leben geht und die selbstverständliche Zuversicht, das auch zu können, ist der Frage gewichen: Wie geht es denn? Der klare Glaube ist oft der Wahrnehmung gewichen, nicht glauben zu können. So sagen es etliche. Aber auch das Wissen, das den Glauben in der Meinung vieler Menschen abgelöst hätte, steht nicht mehr in der Selbstverständlichkeit in der Welt wie in den Zeiten des Aufbruchs von Aufklärung und Wissenschaft. Gedanken des Fortschritts und der wissenschaftlichen Welterklärung wie der damit verbundenen Weltgestaltung wird heute mitunter massiv widersprochen. Das ergibt eine durchaus widersprüchliche Lage und erklärt die Orientierungslosigkeit, in der viele Menschen sich sehen. Wem kann man noch vertrauen?

Was also wissen und „können" wir Menschen denn nun wirklich? Diese Frage zu stellen zwingt uns zu bemerken, dass wir sie nicht im Elfenbeinturm der Wissenschaft stellen. Wir stellen sie als Menschen zerbrechlichen Lebens auf einem Planeten, dessen Endlichkeit und Gefährdung uns doch langsam bewusst geworden sein sollte. Wohl zu langsam. Von daher ergeben sich neue Sollens-Sätze, die manche schon mit dem Ausbooten Gottes aus der Weltgeschichte prinzipiell als überholt glaubten und den Menschen als neuen Weltschöpfer (oder doch nur als immer wieder auch kopflosen Macher?) feierten. Was also gebietet uns das Bedingungsgefüge des Lebens, welches Wissen hilft uns dazu, das zu erkennen? Und auch: Was können wir über uns und unser Leben eigentlich schlüssig annehmen?

Da sind wir zugleich bei der Frage: Was können wir glauben? An der Oberfläche sieht es so aus, als sei das früher den Menschen klarer und selbstverständlicher gewesen. Im großen Ganzen mag das ja auch so sein. Doch ob man das durchweg für die Zeitspanne zwischen Karl dem Großen und dem Ende des landesherrlichen Kirchenregiments 1918 einfach so behaupten kann, ist mir die Frage. Die Wahrnehmung der Oberfläche könnte täuschen. Das waren gut 1200 Jahre, in denen viel passierte und in denen das Verhältnis von Kirche und Obrigkeiten, von Lebensvollzügen und Ethik, von Glauben und Wissen die unterschiedlichsten Lagen einnahm. Eines ist diesem langen Zeitraum aber gemeinsam: eben der Versuch, so etwas wie ein christliches Abendland zu behaupten und zu leben. Ein großes und großartiges Unternehmen zum einen, aber auch ein brüchiges und spannungsreiches.

„Ich kann nicht glauben!“

Das traurige und entschuldigende, aber auch stolze und achselzuckende „ich kann nun mal nicht glauben, auch wenn ich es will“ – das ist gar nicht so neu. Und so erkenne ich auch ein einsehendes (und nicht nur ein trotziges) „Ich kann nicht glauben.“ Gehe ich etwa 500 Jahre zurück in den Aufbruch der Reformation, dann finde ich überraschende Sätze. Sätze wie diesen von Martin Luther: Der Mensch kann nicht wollen, dass Gott Gott ist. (These 17 der Disputation gegen die scholastische Theologie 1517) Oder diesen: dem Menschen sei „ein freier Wille nicht in Bezug auf die Dinge eingeräumt …, die höher sind als er, sondern nur in Bezug auf das, was so viel niedriger ist als er…“ (WA 18,638).

Luther leugnet keineswegs die Religion, die Menschen sich machen. Zu der trägt sogar ihr vernünftiges Denken bei. Das sagt ihnen, wenn ein Gott sei, dann sei es doch vernünftig, diesen nicht zu ignorieren, sondern sich zu ihm angemessen zu verhalten – und sei es „mit Kirchen bauen, Glocken läuten, Räucherei, Plärren, Singen, Kappen tragen, Platten haben, Kerzen brennen und des unzähligen Narrwerks mehr, des jetzt alle Welt voll und übervoll ist“ (WA 10,205). Diese Haltung unterscheidet Luther aber klar von der des glaubenden Vertrauens auf das Evangelium. Ihm geht es nicht um Werk und Narrwerk, ihm geht es um das, was in den Herzen der Menschen ist. Und im Herzen des Menschen steckt eben immer auch die völlige Bezogenheit auf sich selbst, diese irrige Auffassung, mit ihm selbst beginne es und höre es auf. Darum sei der Mensch auch der Herr seines Glaubens. Luther sagt: Diesen freien Willen haben wir gar nicht. Glaube fängt für ihn gerade da an, wo unsere Selbstbezüglichkeit durchbrochen wird. Dann sind wir nicht mehr eingekurvt in uns selbst, dann beginnt ein neues Leben in uns. Ein Leben aus den Quellen Gottes, das zugleich ein Leben ist, das in die Ewigkeit Gottes mündet. Das aber haben wir nicht wie selbstverständlich in uns. Dazu bedarf es eines Wandels. Und nur das Wort Gottes ist in der Lage, diesen Wandel herbeizuführen.

Da räumt also einer schon vor 500 Jahren mit der angeblichen Tatsache auf, Glauben wäre in unsere eigene, freie Entscheidung gegeben. Genauer: in unsere natürlich gegebene Entscheidungsfreiheit. Die wäre das „Normale“. Nein, sagt schon Luther. Normal ist gerade das andere: Nicht glauben zu können. Und es auch nicht zu wollen. Damit meint er aber nicht das, was wir heute meist unter Glauben verstehen. Bei uns geht das heute oft nach der Masche: Jeder Mensch glaubt doch irgendwas, jeder Mensch hat ein Selbstverständnis von sich selbst, jeder hat ein Bild von der Welt und von seinem Leben. Das ist das, was er glaubt. Ja, das stimmt, das glauben wir auch. Luther meint hier aber nicht formal so einen allgemeinen Glauben, wie wir uns und die Welt sehen. Luther meint das Vertrauen zum Handeln Gottes in Jesus Christus. Diesen Glauben trägt niemand von sich aus in sich. Dieser Glaube muss uns zugesagt werden, in den muss Gott selber uns verwickeln. Da gibt es keinen Menschen, der ihn von sich aus schon hätte. Dieser Glaube liegt uns nicht in den Genen, er ereignet sich. Er geschieht in der „großen Begebenheit“ des Geschehens Jesu Christi. Und nur, wo die zu mir kommt und in mein Leben dringt, da kann sie mich überwinden aus dem Unglauben zum Glauben. Abgesehen davon aber gilt immer: Von mir aus kann ich nicht glauben. Jedenfalls nicht diesen Glauben.

Muss ich da nicht sagen: Wie richtig ist dieser Satz! „Ich würde ja auch gerne glauben. Aber – ich kann es nicht.“ - !? Nein, von mir aus kann ich es tatsächlich nicht. Dass in der Krippe des Jesus von Nazareth die Liebe des himmlischen Vaters zu finden ist, das kann sich kein Mensch selber sagen, und das ist niemand in die Wiege gelegt. Das braucht immer Zeugen wie die Engel für die Hirten und Johannes den Täufer für die ersten Nachfolgenden. Das braucht die gute Nachricht von Jesus, die uns über viele Stimmen erreicht. Selbstverständlich oder gar natürlich ist das alles nicht.

Mir wird hier zweierlei klar. Einmal: Unser Nichtkönnen des Glaubens ist eine pure Tatsache. Und das nicht nur wegen gewandelter weltlicher Verhältnisse, die den Glauben nicht mehr nahelegen, sondern vor allem aus theologisch einsichtigen Gründen. Und zum Zweiten: Glauben spricht nicht an auf ein uns gegebenes Können. Er setzt uns vielmehr in die Lage, das Nichtkönnen zu „können“. Hierzu erhalte ich Zuspruch von einer Stelle, die ich nicht vermutet hätte. Das Nichtkönnen zu können, das geht zurück auf eine Formulierung Friedrich Nietzsches. Er fand sie im Blick auf die Kunst.

„Das Nichtkönnen können“ spielt darauf an, dass ein Mensch in den Grenzen seines Könnens von einem Geist und damit auch einer Begeisterung ergriffen wird, die ihn und mit ihm seine Fähigkeiten über ihn selbst hinausführt. So kann denn ein Mensch auf einmal etwas, was er meinte, gar nicht zu können. In diesem Erleben erschließen sich neue Möglichkeiten – und zwar nicht nur in der Kunst, sondern auch im geistlichen Leben und in der Theologie. Neues wird, und Altes vergeht. Der Mensch als natürlicher Mensch bleibt zwar zum einen in den Grenzen seines irdischen Lebens verhaftet, aber er erhebt den Blick zugleich schon darüber hinaus und entdeckt sich in einer neuen Perspektive. Paulus buchstabiert dies durch, wenn er von der alten und der neuen Schöpfung spricht und diese mitsamt ihrer Wirksamkeit für den Menschen bezeugt. Und das ist genau die Perspektive, in der das „Können" das Nichtkönnen überwindet.

Das ist eine Chance, die Gott uns gibt: Das Nichtkönnen zu *können.* Durch das Evangelium Jesu Christi, in dem Gott uns über *unser* Nichtkönnen hinausführt in *sein* Können. Wie sagte schon Jesus? „Bei den Menschen ist´s unmöglich, aber bei Gott sind alle Dinge möglich." (Mt 19,26) Dann sind sie auch bei mir möglich, dass auch ich das Nichtkönnen kann. Und das allem zum Trotz, was gerade als Zeitgeist herumgeistert.

Das Nichtkönnen können

Ich fand, wonach ich nicht gesucht hatte. Es war dies Wort von Nietzsche. Unverhofft stieß ich darauf, als ich in Christoph Menkes „Kraft. Ein Grundbegriff ästhetischer Anthropologie" las. Danach sind die Künstler die, die das Nichtkönnen können. „In *Die fröhliche Wissenschaft*, in der Nietzsche das Programm, von den Künstlern zu lernen, ein erstes Mal durchspielt, bestimmt er den Künstler als `Anbeter der Formen, der Töne, der Worte´ und sein Können, das wir ihm Ablernen und in unserem Leben anwenden sollen, so: `tapfer bei der Oberfläche, der Falte, der Haut stehen zu bleiben, den Schein anzubeten, an Formen, an Töne, an Worte, an den ganzen Olymp des Scheins zu glauben!´ … Das Können der Künstler besteht darin, im Schein zu verharren, es besteht in einem Nichtkönnen: Sie können `nicht-zu-wissen´…, es im bloßen Schein auszuhalten, ohne den Schein in der Suche nach Wissen aufzulösen." (Christoph Menke)

Den Künstlern eröffnet sich darin ein neuer Blick auf sich selbst und die Welt. Sie scheinen, mit einem Wort Max Webers gesagt, der Entzauberung der Welt widerstehen zu können. Sie scheinen, Franz Kafka nachempfunden, ihre Ungeduld überwinden zu können, in der sie das Leben und die Welt eben nicht nur an sich bringen, sondern damit zugleich zu zerstören drohen. Stattdessen wahren sie den ästhetischen Schein. Sie wahren eine Distanz, in der sie sich selbst neu erscheinen. Ja, sie lassen sich von diesem Schein nahezu berauschen und bewahren damit, sie können damit, was der moderne Mensch in seiner ihm eigenen Grundhaltung nicht (mehr?) kann. Doch wer sich selbst und die Welt als schön, ästhetisch zu sehen vermag, gewinnt eine neue Position. Die Frage ist dann nur, ob dieser schöne Schein nur Schein ist oder ob ihm nicht doch eine Wirklichkeit entspricht – eine Wirklichkeit, die der Glaube in der Qualifizierung der Schöpfung schon am Anfang der Bibel findet: „Und Gott sah an alles, was er gemacht hatte, und siehe, es war sehr gut.“ (Genesis 1,31) Sich und die Welt so sehen können, so, wie wir sie zumeist eben nicht mehr sehen (und das nicht können), das vermittelt der Rausch der Kunst, der nach Nietzsche hier unverzichtbar ist und der „die Dinge `in´s Vollkommene´ verwandelt“. (Menke) Wir sehen also uns und die Welt dann in einer gegenüber unserer gewöhnlichen Sichtweise erweiterten, ja veränderten Perspektive. Ohne den ästhetischen Rausch wären wir dazu nicht imstande. Der Rausch lässt uns staunen und verharren, er hindert die Ungeduld des schnellen Zugriffs und der Einordnung in das uns Gewöhnliche, Zugriffige, Funktionale und uns selbst Einordnende. Der Rausch nimmt uns fort aus diesem Ordnungszwang und dem Hang zu besitzen. Und das kann er nur so, dass er uns besitzt, uns von uns selbst ablöst, uns selbst uns anders erscheinen lässt, als wir uns gewöhnlicherweise zu sein wähnen (eben nur im selbsttätigen Zugriff auf uns selbst und die Welt). Er macht uns auf eine befreiende Art selbstvergessen.

„Das den Künstlern abgelernte Können ist ein *Sehen*können, ein Sich*anders*ehenkönnen: als bloßer Schein, als ästhetisches Phänomen. Wer das gelernt hat, gewinnt eine `F r e i h e i t   ü b e r   d e n   D i n g e n´, die sich der Distanz ästhetischer Kontemplation auch noch sich selbst gegenüber verdankt: `Wir müssen zeitweilig von uns ausruhen, dadurch, dass wir auf uns hinab sehen und, aus einer künstlerischen Ferne her, über uns lachen oder über uns weinen.´ Wer so auf sich schaut, kann dann auch anders tätig sein: Er kann `schweben und spielen´." (Menke) Bei Nietzsche führt das dazu, dass der Mensch im Rausch sich selbst verwirklicht und die Dinge „seine Macht wiederspiegeln" (Menke). Der Mensch kann sozusagen sich selbst in einer Art und Weise vervollkommnen, die ihm verwehrt bleibt, solange er in sich selbst, in seiner gewöhnlichen Normalität eines Funktionierens und sofortigen Zugreifens, gefangen ist. Diese Gefangenschaft kann er mit Hilfe der Kunst überwinden. Sie gewährt ihm den Rausch – gewissermaßen über sich selbst – darin, seiner selbst als ästhetisches Phänomen gewahr zu werden. Was bei Nietzsche so ein Geschehen *in* sich selbst ist, das ist in der Sicht des Glaubens ein Geschehen *an* sich selbst, in dem allerdings ein anders Subjekt wirksam ist. Dieses Subjekt ist der Heilige Geist, der den Menschen der Bewegung des Kreisens um sich selbst entnimmt und ihn auf einen anderen Grund stellt. Auf diese Glaubensgrundlage stellt der Mensch sich nicht selbst, er erfährt, darauf gestellt zu werden. Martin Luther hat das in seiner m. E. immer noch unübertroffenen Auslegung des Dritten Glaubensartikels (Von der Heiligung im Kleinen Katechismus) deutlich ausgeführt. Im Glauben erfährt der Glaubende gerade dies: die Freiheit, sich anders sehen zu können, als Gottes gutes und schönes Geschöpf, das nichts mehr von der Liebe Gottes trennen soll. Und nicht die eigene Schönheit ist es, die ihn berauscht, sondern diese Liebe. Der „Rausch" ereignet sich im göttlichen Geist, und der ist es, der den Menschen zugleich in die tiefste Einsicht und Vernunft führt. Nicht ich selbst mache mir meinen Glauben, „sondern der Heilige Geist hat mich durch das Evangelium berufen, mit seinen Gaben erleuchtet, im rechten Glauben geheiligt und erhalten; gleichwie er die ganze Christenheit auf Erden beruft, sammelt, erleuchtet, heiligt und bei Jesus Christus erhält im rechten, einigen Glauben" (Martin Luther).

Der Glaube, besser: das Wort und der Geist Christi führen somit in ein Leben, dessen der sich selbst verhaftete Mensch nicht fähig ist. Denn der Glaube lässt den Menschen sich in einem anderen Subjekt erkennen, als er selbst ist – in Gott, der ihn in Jesus Christus erkennen lässt, wer er ist und wie es um ihn steht – was dem Menschen im Geistwirken an und in ihm klar wird. Ohne diese neue Sicht auch seiner selbst, die dem Menschen im Glauben und Vertrauen auf Jesus Christus widerfährt, ist christlicher Glaube weder zu verstehen noch zu „haben“; wiederum Luther hat das immer wieder ausgeführt und in seiner Schrift „Vom unfreien Willen“ theologisch begründet. Das ist freilich zum einen vielfach missverstanden worden. Dem korrespondiert das Missverständnis, Luther habe die guten Werke des Menschen abgelehnt – was er überhaupt nicht tut, gute Werke sind auch bei ihm als Früchte des Glaubens selbstverständlich und notwendig, nur: sie begründen weder das Leben im Glauben noch das von Gott geschenkte Heil. Ihr Platz ist an anderer Stelle! Der Mensch kann und soll also durchaus etwas tun. Aber den Glauben kann er eben sich selbst nicht machen noch durch gute Werke das Heil in Gott bereiten. Der Platz der guten Werke ist dort, wo ein Mensch die von Gott empfangene Einsicht und Haltung bewährt.

Zum anderen hat der Protestantismus selbst das luthersche „pro me“ des Wirkens Christi für den Menschen (also die gewisse Zusage des Handelns Christi *für mich*) in der Wirkungsgeschichte der Reformation in hohem Maß dahin missverstanden, nun das Ich des Glaubenden zum wesentlichen Subjekt des Glaubens zu machen. Es kommt zu einer deutlichen Akzentverschiebung von Christus auf das menschliche Individuum. Darüber wurde der Protestantismus weithin zu einer eher individualistischen Religion. Statt der Gabe, dem Sakrament des Glaubens in Christus, blieb oft nur das Vorbild Christi. Der entscheidende Energie- und Handlungsimpuls geht nicht mehr von Gott aus, sondern vom Menschen. Theologie wird Anthropologie. Damit sind weite Teile des Protestantismus genau der humanistischen Position des Erasmus verfallen, gegen die Luther einst anstand. Evangelische Theologie verlor folglich in vielfach erschreckender Weise sowohl das Gegenüber des göttlichen Subjektes und machte sich selbst bzw. den Menschen zum Subjekt des Glaubens (so konnten auch Volk und Nation im deutschnationalen Protestantismus zu religiösen Größen werden und schließlich bei den Deutschen Christen Hitler zur Erlöserfigur) – und etliche Protestanten verwechselten dann den religiösen Selbst-Rausch mit dem Heiligen Geist. Die Folgen bis heute sind an sich selbst klebende Großkirchen, die freilich immer kleiner werden, und Vereinigungen frommer Selbstverständnisse, die sich als die je einzig Wahren und Richtigen ausgeben (was sicher etwas zugespitzt gesagt ist, aber in der Tendenz m. E. auch nicht verkehrt).

Die Verkehrtheit beider Fehlentwicklungen liegt m. E. darin begründet, dass in ihnen das Nichtkönnen des Glaubens nicht eingesehen und verweigert wird. Glaube geschieht beide Male nicht in der Umkehr in das hinein, was von Gott her auf uns zukommt (Mt 3,2; Mk 1,15), sondern er ist eine Sache des eigenen Selbstverständnisses bzw. der völlig eigenen Entscheidung. Doch ohne das Nichtkönnen wahrzunehmen wird das angebliche Können verkehrt. Das wirkliche „Können" geht nicht ohne das Gewahrwerden des Nichtkönnens und dessen Überwindung. Zugleich leitet der Heilige Geist durch das menschliche Nichtkönnen in ein Können hinein, in dem wir Menschen dann wirklich auch können sollen und dürfen.

Die evangelische Kirche lebt von ihrem eigenen theologischen Ursprung her von dem, was sie in der biblischen Botschaft empfängt. Sie hat nichts, was sie nicht empfangen hätte (1.Kor. 4,7). Folglich kann sie sich selbst nicht Grund und Ursache sein – „denn einen anderen Grund kann niemand legen als den, der gelegt ist, welcher ist Jesus Christus." (1. Kor. 3,11) Darin hat die Reformation die Kirche neu zu gründen versucht, die sich davon fortentwickelt hatte. Daraus folgt der Anspruch, keine neue Kirche oder Konfession zu wollen, sondern die eine Kirche, die im Glauben der Apostel wurzelt. Die christliche Kirche lebt nicht aus und von sich selbst und nicht vom Selbstverständnis ihrer Mitglieder, sie empfängt sich immer wieder neu im Hören auf das Evangelium und in der Bewegung des Teilens, die im Sakrament gründet, das in der Taufe und mit dem Abendmahl gelebt und im Dienst der Liebe bezeugt wird. Damit ist auf unserer menschlichen Seite ein Nichtkönnen gesetzt: Wir können Kirche nicht machen oder veranstalten, auch nicht erhalten. Trotzdem können wir glauben und können wir Kirche sein! Der Weg dahin geht aber immer nur so, das vorgeordnete Nichtkönnen zu erkennen, zu akzeptieren und zu überwinden. Dieses Überwinden geschieht im Hören auf das Wort, durch das Hineingenommen-Werden in die Bewegung des Teilens im Sakrament und der ihm entsprechenden Diakonie, durch die Ermächtigung in dem Geist der Kraft, der Liebe und der Besonnenheit (1. Tim. 1,7 – was man aber auch im Verhältnis zu Micha 6,8 sehen sollte).

Die menschliche Ungeduld und Selbstbezogenheit aber greift oft genug an all diesen „Einlasstoren" vorbei und beginnt ein Wirken, dem das eigene Nichtkönnen nicht bewusst ist und dass es dann auch in keiner Weise reflektiert. Dieser „Systemfehler" der römisch- katholischen Hierarchie und die ganze Art monarchisch- hierarchischer Kirchenleitung, dem die Trennung des Leibes Christi in Geweihte unverlierbaren Charakters und dem gewöhnlichen Volk entspricht, wurde in erschreckender Weise in den Kirchen der Reformation wiederholt. Das Pfarrerbild war oft mehr als nur „katholisch angehaucht", auch der evangelische Pastor und dann auch die Pastorin wurden als „die" Kirche bezeichnet. Auch die Rede von den „Laien" ist mittlerweile in der evangelischen Kirche üblich, obwohl der Begriff eine Amts- und Menschensicht voraussetzt, die in keiner Weise evangelisch oder biblisch ist. In beiden großen Kirchen in Deutschland hat sich eine Haltung entwickelt, die zum Inhalt hat, Pastorinnen und Pastoren bzw. Pfarrer „könnten" den Glauben und die anderen brauchten ihnen nur zu folgen. Das aber ist ein fundamentaler Irrtum, den schon die Reformation im 16. Jahrhundert erkannt hatte. Dass sich diese Haltung wieder derart ausbreiten konnte, hat nicht nur mit menschlich-allzumenschlichen Dingen zu tun oder mit sozialen Gesetzmäßigkeiten von Institution und Führung. Es hat auch damit zu tun, dass die evangelische Kirche ihre eigenen theologischen Gründe und Einsichten nicht durchzuhalten vermochte.

Wie der Katholizismus zeigt sie sich heute als eine Kirche, die angeblich Kirche „kann" – und sie erkennt nicht, dass die reale kirchliche Situation in vielem doch ein Hinweis auf ihr (auf unser!) Nichtkönnen von Glaube und Kirche ist. Solange das nicht erkannt wird, wird m. E. jegliche Zukunftsstrategie von Kirche scheitern müssen. Man läuft dann nur wie gewohnt weiter im Kreis des eigenen Suchens und Versuchens, statt zu hören und zu empfangen. Doch nur solches Hören und Empfangen vermag das eigene Nichtkönnen zu überwinden.

Das ist keine Restauration, es ist ein Aufbruch nach vorn. Und der ereignet sich nicht in einem Gestern, sondern immer heute. Glauben zu bewahren heißt, ihn beständig neu zu empfangen – und zwar durch das eigene Nichtkönnen hindurch. Dieser Akt kann in keiner institutionellen und organisationsorientierten Zielsetzung aufgehen. Er braucht notwendig die Person, denn er nimmt immer das Herz und das Gewissen der handelnden Personen voll in Anspruch. Kein Konzept kann ihn sichern, keine Zielformulierung ihn schaffen. Glauben zu bewahren heißt nicht, fortzuschreiben, was gestern war und galt. Es heißt, immer im Heute den Glauben zu empfangen. Glauben zu bewähren heißt nicht, ihn dogmatisch zu formulieren und kirchenpolitisch durchsetzen oder konfessionell sichern zu wollen. Es heißt, im Miteinander der Empfangenden aufzubrechen im Blick auf die Menschen, denen die Treue und Liebe Gottes genauso gilt wie denen, die sich schon darauf einlassen. Solcher Glaube ist also nicht exklusiv, sondern er verhält sich inklusiv (doch ohne zu vereinnahmen).

„Bekenntnis“ ist weder Besitzstand noch Identitätsausdruck eines selbstbezogenen Selbstverständnisses, es ist der Auftrag der Kirche in der Welt vor den Menschen. Die „confessio“ ohne die „missio Dei“ zu denken und nur im Sinne einer Abgrenzung zu sehen, sie aber nicht mehr im Kontext des gegenwärtigen irdischen Geschehens wahrzunehmen (was ist: zu erkennen und zu praktizieren), führt nur zur Selbstbezüglichkeit kirchlichen Handelns. In der aber können die Menschen nicht mehr finden, was die Kirche soll und wozu man sie braucht. Sie verkommt zu einem Selbstzweck, mit dem viele nichts mehr anfangen können. So gesehen ist die gegenwärtige Mitglieder-Krise der Kirche nicht nur (das auch, aber nicht allein) Ausdruck gesellschaftlicher Prozesse und historischer Entwicklungen. Sie ist auch eine hausgemachte geistliche Krise der Kirche selbst, die ihr eigenes Nichtkönnen von Kirche nicht realisiert. Sie versucht es immer wieder neu und beschert sich damit nur ein beständiges Scheitern.
Das darf einen aber nicht dahingehend täuschen, dass der Weg des

Könnens in der Überwindung des Nichtkönnens die gegenwärtige Krise mal eben beheben könnte. Man muss die Situation in ihrer Differenziertheit analysieren, es ist auch hier keine Monokausalität – darum gibt es auch kein Allheilmittel. Meine These ist nur, dass ohne die Beachtung der aufgeführten theologisch-geistlichen Zusammenhänge keine dauerhafte Besserung der kirchlichen Verhältnisse möglich sein wird. Denn ohne Jesus Christus als Grund und Ziel christlichen Glaubens verliert sich die Kirche im täglichen Allerlei und verspielt ihre Zukunft im allzu menschlichen Hin und Her. Es wird aber, aufgrund der anderen Faktoren, auch nicht möglich sein, frühere Zustände wieder herzustellen. Und von einer geistlich klareren Kirche wird mancher sagen, das sei nicht seine. Die Zeiten, in denen eine christliche Konfession so etwas wie der religiöse Ausdruck eines ganzen Gemeinwesens sein konnte, sind sowieso gänzlich vorüber. Diese Konzeption implizierte überdies, dass – jetzt einmal auf der menschlichen und politischen Ebene gesehen – nicht die Menschen selbst Souverän ihrer Entscheidungen und ihres Glaubens waren, sondern einem anderen Souverän „untertan" sein mussten. Solche Zustände überwunden zu haben, muss jedem demokratisch gesinnten Menschen doch ein Glück sein! Darum gibt es keinen Anlass, das Vergehen der landesherrlichen Kirchenkonstruktion zu bedauern.

Der Blick ist nach vorne zu wenden und nicht zurück. Der Blick ist auf das Zentrum des Glaubens zu wenden, und wer hier „richtig" sieht, dessen Blick wendet sich in die Welt – denn das Ereignis Jesu Christi und das Evangelium, das es uns zuträgt, hat die ganze Welt, hat alle Menschen und die Zukunft im Blick. Mit Jesus Christus sich selbst und die Welt sehen zu lernen, das entreißt aller Selbstbezüglichkeit und aller Provinzialität. Sich angesichts der Lage der Welt und der Menschen wie der Inspiration, die das Evangelium bringt, auf die Frage nach der Zukunft der Kirche allein zu fokussieren, muss sich als Fehlschluss und irrig erweisen. Kirche hat nur Zukunft in der Gemeinschaft mit ihrem Herrn und in der Gewiesenheit zu den Menschen. Geht es doch um die Erde, die des Herrn ist, das Erdrund und die darauf wohnen (Psalm 24). In dem Geschehen zwischen Gott, Welt und Menschen kommt die Kirche zu stehen und zu gehen. Und nicht in und für sich selbst. Sie ist darin aber keine Kirche „für andere“, sie ist es *mit* anderen. Dem entspricht ein anderer Habitus, als wir Kirchenleute ihn oft verinnerlicht haben. Das herkömmliche Kirchenmodell wie dieser Habitus sind nicht mehr fortzuschreiben. Darüber soll man sich doch keine Illusionen machen. Es gilt, etwas anderes zu suchen... zu bitten, zu suchen, anzuklopfen. Bei Gott und bei den Menschen.

Weiterführende Gedanken

Wir sind kulturell bestimmt vom Kompetenzdenken und darauf orientiert, das für unser Leben Notwendige „zu können“. Kompetent zu sein für uns selbst und unser Leben heißt für uns vor allem dreierlei: die dazu nötigen Kenntnisse zu besitzen (zu wissen); Ziele zu entwickeln und zu verfolgen (zu wollen); die zum Wissen und Wollen notwendigen Ressourcen zur Verfügung zu bekommen (zu haben).

Religiöse Kompetenz verstehen wir nach diesem Maß dann so, etwas über Religion bzw. über Gott zu wissen, etwas mit diesem Wissen anfangen zu können und zu wollen, das dazu Nötige in unsere Hand zu bekommen. Wir erstreben ein Können, das von unserem Wissen und Wollen geleitet wird und von dem, was wir haben, umgesetzt wird.

Was dabei unter der Hand geschieht, beschreibt Jean-Luc Nancy angesichts des Wissensbestrebens der westlichen Kultur so: „Das Wissen von der Natur ist ein Wissen über `Gott´, und so hat das Wissen Gott schließlich verjagt. Aber das Wissen über Gott wird sich immer in dieser Situation wiederfinden.“ (Mein Gott, 38f.) Das distanzierte, angeblich objektive Wissen über Gott vertreibt diesen. Dabei geht Nancy von zwei Fragen aus. Zuerst: „Kann man von Gott sprechen, ohne sich an Gott zu wenden?“ Wenn denn Gott der Unsagbare ist, was bedeutet, dass er in keinem unserer Konzepte (auch nicht der religiösen) aufgeht, sondern aus unserer Perspektive immer auch der uns Unsagbare bleibt, also nicht der ist, über den wir verfügen, sondern der, den wir anrufen, dann weist unser Wort „Gott“ auf eine Anrufung eines Gegenübers, das wir nicht besitzen – in unsrem Wissen nicht, in unserem Wollen nicht, in unserem Haben nicht. Wo immer wir uns dann in solchem Definitions- und Zugriffsverhalten Gott nähern, wird er verschwinden. Denn er ist kein Objekt unseres Wissens, Wollens und Habens.

Weil wir folglich Gott in der uns gewohnten Lebens- und Zugriffsweise nicht „können“, bitten wir ihn, er möge uns von all unseren Gotteskonzepten „lösen“, damit wir offen werden für ihn. Jesus ist der Mensch in absoluter Offenheit zu Gott hin. In diesem Sinn hatte er kein Wissen über Gott, sondern eine so große Offenheit zu Gott, dass die Evangelien sein Einssein mit dem Vater herausstellen. Dabei sehen wir: Gott wird nicht von uns angeeignet, wir lernen nicht, ihn zu können, sondern es geht darum, das Leben von ihm zu empfangen und zu teilen. Die Predigt Meister Eckeharts zu Matthäus 5,3 (Selig sind die geistlich Armen) führt das oben Gesagte schon aus. Für Eckehart besteht die Armut darin, nicht zu wollen, nichts zu wissen und nichts zu haben. Nichts zu *wollen*: denn im Wollen hält der Mensch an seinem Ich fest. Sein Leben besteht aber nicht in seinem Ich, sondern in seinem Empfangen und Hingeben. Der Arme ist der, der sein Ich loslässt, der sich ganz und gar von Gott empfängt und sich diesem und seinen Nächsten hingibt.

Nichts zu *wissen*: Im Wissen versucht der Mensch Gott zu fassen und macht sich damit zum Gott über Gott. Dabei verliert er die Demut, die er braucht, um Gott wirklich zu erkennen (und damit erkennt der Mensch auch, dass er nicht Gott ist, was er in seinem Wissen „über“ Gott aber nicht beachtet). Er verliert so seine Geschöpflichkeit und schwingt sich auf zum Autor eines Konzeptes von Gott. Nancy nennt das eine „Kultur des Hochmuts“, die den Menschen zum Autor „seines eigenen Heils“ befähige. Damit befindet sich der Mensch dann aber nicht im Willen Gottes, sondern in seinem nur eigenen. Das zeigt, dass er nicht geistlich arm sein kann. Nichts zu *haben*: Der Mensch, der geistlich arm ist, verliert das Bewusstsein, eine Stätte Gottes in der Welt zu sein, durch die Gott wirken kann. Dafür stellt der geistlich Arme Gott nichts zur Verfügung, er macht also auch nicht die Sache

Gottes zu seiner, sondern er ist sozusagen unmittelbar zu Gott, wie er vor seiner Geburt ganz und gar in den Gedanken Gottes war und nicht in seinen eigenen.

Zugespitzt gesagt: Jesus vermittelt uns kein Wissen von Gott, nach dem wir dann den Glauben handhaben. Im Einstimmen in ihn und im Übernehmen seines Weges (Nachfolge) werden Menschen zu einem Teil von ihm, Paulus sagt zu Gliedern seines Leibes. Jesus vermittelt uns kein Wollen von Gott, dem wir zustimmen. Jesus gibt uns keine Gaben von Gott, die wir einsetzen. Es ist anders. Jesus schenkt uns Einssein mit Gott, worin wir leben. Jesus stellt uns in das Wollen Gottes, dessen Teil wir werden als von ihm Gewollte. Jesus gibt uns nicht Teil an Gottes Eigentum in der Welt, das wir uns aneignen, ist er doch der, der in dieser Welt nicht hat, worin sein Ort bestände. Alles, was wir haben, haben wir nur in ihm oder es wird sich als völlig illusionär erweisen.

Jesus und das Nichtkönnen der Menschen um ihn

Das Nichtkönnen des Glaubens ist nichts Neues

In den Evangelien fällt auf, dass die Jünger und Nachfolgerinnen Jesu keineswegs als Menschen vorgestellt werden, die sich selbstverständlich in Übereinstimmung mit Jesus befinden. Immer wieder stößt man beim Lesen auf ihr Unverständnis – bis dahin, dass sie Jesus in seiner Wirksamkeit und auf seinem Weg hindern. Auf keinen Fall sind sie so etwas wie perfekte Gläubige. Am Beginn der Christenheit bedeutet ein Heiliger oder eine Heilige zu sein nicht, im Glauben und Leben perfekt zu sein. Es heißt nichts anderes, als durch die Gemeinschaft mit Jesus in den Wirkungsbereich Gottes hineinzukommen. Heilige leben kein perfektes, sondern ein auf Gott bezogenes Leben. Und zu diesem Leben gehört weiterhin, dass Glaube, Hoffnung und Liebe darin nicht selbstverständlich sind (auch wenn man sich das vielleicht wünschen würde).

Wie geht Jesus um mit dem Nichtkönnen seiner Jünger? In Markus 9 wird das ausdrücklich behandelt. Ein Vater hatte seinen Sohn zu den Jüngern gebracht mit der Bitte, diesen von der Besessenheit durch einen stummen Geist zu befreien. „Und ich habe mit deinen Jüngern geredet, dass sie ihn austreiben sollen, und sie konnten´s nicht." (9,18) Jesus selber hatte er nicht bitten können – der war mit Petrus, Jakobus und Johannes da auf dem Rückweg vom Berg der Verklärung. Nun kommen die vier hinzu und werden mit der Aussage des Nichtkönnens der übrigen Jünger konfrontiert. Jesus reagiert keinesfalls nur mit einer Du-Botschaft an die Jünger und an die Schriftgelehrten, mit denen die im Gespräch waren über diese Situation. Die klingt nur kurz an in der Bemerkung: „O ungläubiges Geschlecht". Es folgen unmittelbar zwei Ich-Botschaften, die Jesus jeweils in Frageform vorbringt: „Bis wann soll ich bei euch sein? Bis wann soll ich euch ertragen?" (9,19) Das Unvermögen (es bedeutet hier vor allem: die Handlungsschwäche) der Jünger bringt Jesus in Zusammenhang mit ihrem Unglauben. Und Jesus ist der, der bei denen ist, die so sind, wie sie hier sind. Und er fragt: Wie lange soll ich bei euch sein? Er ist der, der bei uns ist, so, wie wir sind: glaubensschwach und handlungsschwach. Da es sich gerade so verhält, folgt die zweite Frage völlig logisch – denn so, wie wir sind, geben wir Jesus zu tragen, weil er die Last unserer Glaubens- und Handlungsschwäche auszustehen hat: Wie lange, bis wann soll ich euch ertragen? Jesus gibt der Du-Botschaft nicht nach. Er ergeht sich seinen Jüngern gegenüber nicht in Vorwürfen oder gar Beleidigungen. Statt diese zu bezichtigen und sie aufzufordern, sich endlich mal zielführend anzustrengen, bringt er sich selbst ins Spiel. Und er sagt, durch sein Fragen hindurch, wie er bei ihnen dazwischen ist: Ich bin bei euch. Und: Ich ertrage euch. Ich bin bei euch, die ihr euer Nichtkönnen demonstriert. Ich ertrage euch, deren Unglaube unübersehbar ist.

Jesus nimmt seine Jünger auf sich wie er sein Kreuz auf sich nehmen wird. Er belehrt sie auch nicht. Er stellt fest, wie es um sie steht, und er fragt, wie lange sein Dasein bei ihnen und die Aufgabe, sie zu ertragen, noch währt. Er leidet also unter ihrem So-Sein. Aber er wirft es ihnen nicht vor, sondern er ist dabei unter ihnen und er (er-)trägt sie. Er hält sie, er hält uns aus. Darum gibt es keine weiteren Vorwürfe, Jesus schweigt zu dieser Lage und wendet sich ganz und gar dem Vater und dessen leidenden Sohn zu. Er lässt sich vom So-Sein seiner Jünger nicht aufhalten, das zu tun, wozu er gekommen ist: das Kommen des Reiches Gottes in Wort und Tat zu bezeugen. Das ist sein „Thema“, nicht die Begrenztheiten und die Irrungen seiner Anhänger und Mitstreiter. Entsprechend erfahren diese hier auch keine weiteren Belehrungen. Sie selber sind es, die stutzig geworden sind über sich selbst und ihr Unvermögen, ihre fehlende Stärke zu handeln und ihr mangelhaftes Vertrauen in das, was Gott doch tun will. Sie fragen Jesus, warum sie nicht konnten, was Jesus dann getan hatte: die Befreiung eines geplagten Menschen von einem ihn quälenden Geist. Jesu Antwort fällt kurz und knapp aus: das vermag nur das Gebet. Ich verstehe das nicht als einen methodischen Hinweis, der sogar noch formale Hinweise auf ein Ritual oder Formulierungen enthält. Ist darin nicht vielmehr der Hinweis auf das Einssein Jesu mit dem Vater enthalten, mit dem er in der Stille des Gebetes Gemeinschaft hat – und aus dieser Einheit heraus kommt sein Handeln, erwächst ihm die Kraft. Es ist die Kraft des himmlischen Vaters, der seine Hand auf seine Schöpfung und auf seine Menschen legt. Das ist das Ereignis, um das es hier geht, nicht um eine Methode. Es geht um das mit Jesus anbrechende Reich Gottes, das „mit Kraft“ (Mk 9,1) kommen soll. Das Licht dieses Reiches und die Art seines Kommens beschreiben Mk 9,2-13.

Von Jesus lernen

Die eigenen Hände sind in solchem Handeln leer. Sie sollen auch nicht mit selbstbezüglichen Überlegungen oder technisch-methodischen Tipps gefüllt werden. Darum auch keine Belehrung. Es nutzt nichts, das eigene Nichtkönnen durch ein irgendwie geartetes Können zu ersetzen. Der Weg führt durch das Nichtkönnen hindurch. Man muss es bemerken, und man muss darüber fragend werden. Darum nutzt es auch nichts, uns gegenseitig unsere Schwäche und unser Nichtkönnen vorzuwerfen. Denn wir gehören auch zu denen, die ihr Nichtkönnen erfahren und die es keinesfalls durch eine richtige Erkenntnis oder eine Glaubensentscheidung abgelegt hätten. Wir sind und bleiben die mit den leeren Händen. Ohne die entdeckt zu haben, gibt es im Glauben keinen Weg voran. Die Fixierung auf die leeren Hände der anderen ist nicht die Lösung, auch nicht, ihnen zu zeigen, wie sie ihre leeren Hände mit meinen Erkenntnissen und analog zu meinen Entscheidungen doch füllen könnten. Es sind niemals die vollen Hände des eigenen Könnens, auch nicht des Glauben-Könnens, die die Umkehr in den Glauben hervorbringen. Es ist immer nur das Gewahrwerden der Güte Gottes (Röm 2,4). Und Jesus sagt hier: diese Güte steht dir offen, du kannst dich ihr öffnen im Gebet, weil sich der himmlische Vater zu dir hin längst schon geöffnet hat. Du musst nur an den Ort dieses Geschehens hintreten. Nach der Parallelstelle in Matthäus 17,14ff bedarf es dazu keines hervorragenden Glaubens, dieser mag so klein sein wie ein Senfkorn, aber dieser kleine Glaube soll Großes erfahren und vermögen – nicht, weil ich in ihm so groß bin, sondern weil Gott durch ihn in mir und durch mich hindurch groß wird.

((Verbindet man Matthäus 17,17 (Wie lange soll ich bei euch sein?) mit 28,20 (Ich bin bei euch alle Tage bis an der Welt Ende), dann erkennt man die Wende, die in und mit der Christus-Geschichte durch Kreuz und Auferweckung Jesu vor sich geht. Im Auf-sich-Nehmen unserer menschlichen Ohnmacht nimmt Christus unser Nichtkönnen auf sich. Die Vergebungs- und Auferweckungsmacht Gottes schafft die neue Situation des Überwindens – aus der Frage „Wie lange soll ich bei euch sein" wird, mit nahezu denselben Worten, die Zusage: „Ich bin bei euch alle Tage."))

Darum: keine Vorwürfe, keine Belehrungen. Sondern durch das Erleben und Bedenken des Erlebens geduldig warten auf die darunter wachsende Frage: „Warum unser Nichtkönnen? Und wie können wir es überwinden?" Eben nicht so, es zu überspringen. Sondern hindurchgehen durch unser Nichtkönnen zu dem, der kann. Wo treffen wir ihn? Wo und wie bekommen wir Teil an ihm? Das werden dann die Fragen.

Im Kapitel vorher, Markus 8, geht es bereits um diese Zusammenhänge. Da sagt Jesus: „Will mir jemand nachfolgen, der verleugne sich selbst und nehme sein Kreuz auf sich und folge mir nach. Denn wer sein Leben behalten will, der wird´s verlieren; und wer sein Leben verliert um meinetwillen und um des Evangeliums willen, der wird´s erhalten." (34f) Darin ist gesagt: Dein Leben im Glauben ist nicht dazu angetan, dass du selbst darin auftrumpfend groß wirst und in Erscheinung trittst. (Mir hat mal jemand gesagt: „Wer Pastor wird, will in Erscheinung treten." Gerne verquickt sich das mit der Tendenz dazu, andere belehren zu wollen.) Dein Leben im Glauben an das Evangelium ist dazu angetan, dass du dich selbst vergisst, dass die Freude an der Liebe und Treue Gottes dich die Sorge um dich selbst vergessen lässt und du dich dieser Freude ganz und gar widmest und sie mit anderen teilst. Schau also auf sie, nimm sie wahr z. B. im Gebet (Mk 9,29), und fixiere dich weder auf dein eigenes Nichtkönnen noch auf das derer, mit denen du in der Gemeinde und der Kirche zusammenkommst.

Unser Nichtkönnen zeigt sich m. E. vor allem darin, dass wir uns einerseits auf uns selbst fixieren, sowohl auf unser Leiden unter den anderen als auch auf unser vermeintliches Können, das doch Abhilfe bieten könnte. Jesus sagt hier: Lass es, nimm es auf dich. Es ist all das, was ich eh schon (er-)trage. Lass das Jammern und lass das böse Spiel der Vorwürfe. Frag dich lieber nach deinem eigenen Nichtkönnen. Nur, wer es erkennt und offen wird für das, was Gott tut, der kann gehen und leben in meiner Nachfolge.

Tragen und Ertragen

Tragen und Ertragen ist hier ein zentraler Begriff. Jesus trägt und erträgt das „ungläubige" Geschlecht der ihn umgebenden Menschen (Mt und Lk haben dazu noch das Adjektiv „verkehrt", im Kern: missraten, verdreht, abgedreht, verdorben; in diesem Zusammenhang auf die Jünger gewendet: für das Zeugnis des Evangeliums nicht zu gebrauchen; sie verhalten sich nicht dem Evangelium gemäß und auf dieses bezogen, sondern selbstbezüglich). Apg 18.14 meint ertragen ein sich mit jemandes Sache befassen, die Bereitschaft, sich auf jemand und sein Anliegen einzulassen, ihn also in einer gewissen Hinsicht zu „tragen" (vgl. dazu Jesaja 46,3: Gott ist bereit, die ihm verbundenen Menschen zu tragen). 1 Kor 4,12 und 2 Thess 1,4 spielen an auf das Ertragen von Verfolgung. Ähnlich 2 Kor 11,20, aber dort aufgegliedert in Knechtung, Aufzehrung, eingefangen werden, das Ertragen der Überhebung von anderen über die Glieder der Gemeinde, und auch Schläge ins Angesicht werden von ihnen ertragen. In 2 Kor 11,1 weist Paulus darauf hin, dass die Gemeinde auch ihn als Apostel erträgt. Eph 4,2 ermuntert, die Berufung in ein Leben im Glauben so zu praktizieren, einander in Liebe zu ertragen. Was Christus den Seinen tat, die ihm dabei durchaus auch zur Last wurden, sollen wir füreinander tun. 2 Tim 4,3 und Hebr 13,22 thematisieren, dass wir uns untereinander das Wort der Ermahnung gefallen lassen sollen, es ertragen, kennt dabei aber auch die Erfahrung, dass wir gesunde Lehre nicht ertragen.

So wie Jesus sich mit uns befasst und erträgt, sind wir gehalten, es auch miteinander zu tun. Das beinhaltet, auch Zurechtweisungen und Ermahnungen zu ertragen. Christenleben ist keines nur voller Harmonie und Gelingen, Verschiedenheiten, Konflikte und die Suche nach miteinander gangbaren Wegen sind zu ertragen. Tragen und ertragen sind Teil der Nachfolge Jesu. Darüber gilt es sich nicht zu beschweren, sondern es anzunehmen, weil Christus uns annimmt und wir es ihm gleichtun sollen. In der Gemeinde geht es nicht darum, „viel Spaß" zu haben und viel Erfolg mit der Durchsetzung der je eigenen Sichtweisen und Vorstellungen, sondern es geht darum, Liebe zu empfangen und zu teilen. Liebe eben, die trägt und erträgt. Das ist wesentlicher Teil des Weges Jesu, auf dem er am Ende das Kreuz trägt und erträgt. Und es ist Teil seiner Nachfolge im Christenleben.

Die Güte Gottes entdecken

Fixiere dich nicht auf dich selbst, auch nicht auf die anderen, sondern wende dich an den, in dessen Händen alles steht, was für dich wichtig ist. Hör auf zu jammern, hör auf, dir selbst leid zu tun. Hör auf zu meinen, es stände besser um die Kirche und den Glauben, wenn alle so wären wie du. Darum geht es nicht. Es geht einzig und allein darum, mit dem zu sein, durch den Hilfe und das Erbarmen Gottes zu uns kommt – Jesus. Den nimm in den Blick, dem vertraue dich an, mit dem gehe weiter. Was würde es dir auch helfen, groß zu erscheinen und Anerkennung unter Menschen zu erfahren, wenn du dabei die Lebendigkeit verlierst, die nicht aus dir selbst kommt, sondern die dein himmlischer Vater dir ständig zuspielt? Niemand ist nur sich selbst seine Quelle. Ich lebe nicht aus mir selbst, ich glaube nicht aus mir selbst – alles ist Gnade! Begreif es doch endlich. (vgl. Mk 8,36f)

Diese Entdeckung der Güte Gottes ist es, die umkehren lässt. Der in dieser Weise „Reuige muß zwei Arten von Mut haben: den Mut, über seinen früheren Weg zu weinen, und den Mut, sich für den neuen Weg bereitzumachen." (Velimirović, Gebete am See) Das Klagen sein lassen, sich nicht mehr beklagen über die anderen – einer schrieb mir, seine Art, mit dem Leiden an der Kirche umzugehen, sei Schweigen. Schweigen ist nicht das Schlechteste („Schlucken, Schenken, Schweigen“ kennt man auch aus anderen zwischenmenschlichen Zusammenhängen), man muss nur aufpassen, die eigene Seele nicht von Belastendem überschwemmen zu lassen). „*Die Alten lehrten mich*, als ich noch jung war, mich an Himmel und Erde zu klammern, damit ich nicht strauchle, und lange stützte ich mich auf die Krücke, die sie mir gaben. Doch als die Ewigkeit mich durchflutete und ich mich als ein Fremdling in der Welt empfand, brachen Himmel und Erde in meinen Händen entzwei wie ein zerbrechliches Schilf.“ Dieses Zerbrechen ist das Erkennen des Nichtkönnens. Draus erhebt sich ein ganz anderes Können: „Meine Kindheit, gespeist mit Furcht und Unwissenheit, kam an ihr Ende; und meine Hoffnung auf den Himmel und die Erde verschwand. Nun schaue ich nur noch auf Dich und klammere mich an Deinen Blick, Du meine Wiege und meine Auferstehung.“ (Velimirović, Gebete am See) Ich folge deinem Blick, mit dem du mich siehst (Mt 9,9; Gen 16,13).

Solches Gesehensein ist der Ort, an dem der Glaube sich findet, den ich nicht schon wie selbstverständlich in mir trage, den ich allein von mir aus nicht kann. Er ereignet sich darin, wie Gott an mir geschieht. Er kommt aus dem Erleben einer Kraft außerhalb meiner selbst, und wesentlich nicht aus dem Deuten generell vorfindlicher Zusammenhänge. Diese zu deuten und sich daraus ein Selbst- und Weltkonzept zu erstellen, das ist das, was uns heute oft als Glauben vorgestellt wird. Das bleibt dann aber immer wieder merkwürdig theoretisch und wirkt gestelzt. Glauben ist keine Konzeption, die ich entwickle und formuliere und dann „habe“, er bleibt immer ein Auf- dem-Wege-Sein, ein stets sich empfangen und sich geben, sich wagen. Nimmt man ihm das, tötet man ihn ab. Statt der frischen Lebenskraft wählt man dann das Eingemachte. Wie also gewinnen wir die frische Lebenskraft des Glaubens? Wie kommen wir von unserer theologischen „Dosenkost“ zur „gesunden Lehre“, die uns als einzelne stärkt und die Gemeinde erbaut? (Titus 1,9)

Den anrufen, der uns hält!
Die Überwindung von Funktionalität und Funktionalismus in Liturgie und Gottesdienst

Ich bin im Gottesdienst. In der Liturgie kommt jetzt das Kyrie. Auch heute besteht es aus drei Teilen, und es ist ein entfaltetes Kyrie mit einem Gebetstext, der über die bloße Bitte um Erbarmen hinausführt. Dann folgt der Gloria-Ruf. Ich kann die Worte des Liturgen auf dem Gottesdienstblatt mitverfolgen. Der erste Kyrieruf besteht darin, dass wir Gott „um Erbarmen bitten für das, was misslungen ist, was uns belastet und uns traurig macht." Das ist so menschlich wie durchaus funktional: Entlastung vom Belastenden, darum geht es also. Der zweite Kyrieruf: wir bringen die Situationen, „in denen wir in den Beziehungen zu unseren Mitmenschen scheitern", vor Jesus Christus. Auch dies ist funktional, wir benennen das Scheitern und bitten „Christus erbarme dich", was wohl ebenfalls Entlastung, auf jeden Fall Trost verspricht. Vielleicht gar Besserung? Dritter Kyrieruf: „Wir bringen vor Gott, was uns zu entgleiten droht" – Gewalt, Terror, Ungerechtigkeit, Zerstörung. „Herr erbarme dich" – unsere Ohnmacht findet einen Ort. Damit können wir sie angehen. Gott und Jesus Christus fungieren dabei als Adressaten, an die wir uns richten. Als solche treten sie in Erscheinung – und als solche, vor denen wir uns mit unseren Anliegen einfinden. Dominierend aber bleiben unsere Anliegen. Wir denken, wir wollen, wir sprechen ganz von uns her. Wenn man es zuspitzt, treten wir zwar vor Gott bzw. Jesus Christus – wir nehmen dieses Gegenüber aber nicht deutlich wahr als eines mit einem eigenen Wollen, Handeln und Können. Wir werden auf uns selbst fokussiert. Was das Erbarmen Gottes tatsächlich bedeutet und wirkt, das bleibt hinter dieser formalen Anrufung verborgen.

Mit dem eigenen Wollen, Handeln und Können nimmt sich vielleicht doch jede Generation neu wahr – und es mag sein (jedenfalls hin und wieder) auch mit dem Anspruch, es nun besser zu machen als die Väter und Mütter. Man legt die Hand an die Gestaltung des Lebens, und wo den Alten etwas nicht gelang, stehen die Jüngeren dahinter und geben zu erkennen: Lass uns mal! Das muss man alles doch besser hinkriegen… und man versucht es, und das eine oder andere gelingt auch, aber längst nicht alles. Die biblische Tradition differenziert dabei die Generationen: was zunächst in den grundsätzlichen Bedingungen wie in der Urgeschichte Gen 1-11 beschrieben als eine Art Verhängnis über der Menschheit liegt (die kirchliche Dogmatik benennt es mit dem durchaus schwierigen Begriff „Erbsünde)" wird prophetisch in Ezechiel 18 auf die einzelnen Generationen hin auseinandergenommen. Ein jeder und eine jede stehen also je für sich vor Gott und können sich nicht mit Allgemeinheiten herausreden. So eignet aber auch jeder Generation bis zum Erweis des Gegenteils die Annahme, etwas in den Griff bekommen zu können, etwas zu können, das ihr nicht entgleitet – bis zum Erweis des Gegenteils. Das Problem dabei ist nur, dass auch die neue Generation eben nicht „bei Null" anfängt, die angeblichen „Stunden Null" waren niemals solche in umfassendem Sinn, sondern die Geschichte vollzieht sich in aufeinander aufbauenden wie sich abstoßenden Bewegungen – wie also kann wirklich ein neuer Anfang entstehen?

(Die Befürchtung der derzeit jungen Generation besteht für viele offensichtlich darin, dass wir Älteren aufgrund der abnehmenden Handlungsoptionen ihnen keine Spielräume mehr lassen.) Und wenn wir von uns als Menschen sprechen, denen etwas zu entgleiten droht, dann nennen wir uns selbst als die, die das Leben und die Welt ja in der Hand hätten – es gibt da im Moment nur offensichtlich ein paar Probleme, durch die uns unsere energische und handlungsbewusste Rolle „zu entgleiten droht". So sprechen wir von einer Selbstgewissheit her, die man anfragen muss: Haben wir uns und das Leben wirklich in der Hand, und so Gott uns sein Erbarmen gibt, wird das schon so bleiben und wir bekommen es hin? Oder müsste man nicht gerade diese Haltung korrigieren, in der wir uns selbst nur als die energischen Personen erkennen, auf die allein es ankommt?

In dieser Art zu beten wird Gott nicht nur zur Rückversicherung unserer selbst, wir reduzieren uns damit in einer Weise auf uns selbst, wie es auch das sehr missverständliche Bekenntnis ausdrückt, das sagt, Gott habe nur unsere Hände, um sein Werk heute zu tun. Wieso meinen wir das? Den Mangel der eigenen Wahrhaftigkeit meinen wir, mit einem Schwur aus der Welt zu schaffen, den wir bei Gott schwören. Den Mangel der eigenen Fähigkeiten oder auch der eigenen Konsequenzen (oft genug ist unser Mangel ja keiner der Erkenntnis, sondern einer des Tuns) – versuchen wir ihn ebenso aus der Welt zu schaffen mit so einer Art zu beten, in der wir Gott im Anrufen seines Erbarmens zum Bundesgenossen unserer Schwäche machen? Sollte es nicht vielmehr darum gehen, dass wir Bundesgenossen dessen werden, dem „alle Macht gegeben ist im Himmel und auf Erden" – die machtvolle Freiheit, die Barmherzigkeit Gottes über alles zu stellen und aus ihrer Fülle zu leben?

Das Verbot des Schwörens, wie Jesus es in der Bergpredigt ausspricht (Mt 6,33-37), zielt darauf, Gott nicht zum Kumpanen unserer Schwachheit, ja: unserer Verkehrtheit zu machen. Muss das dann hier nicht analog gelten: Macht im Ruf nach Gottes Erbarmen nicht den Ewigen zum Rechtfertiger und Kompensator dafür, wie euer Leben in irdischer Zeitlichkeit, Begrenztheit und der daraus kommenden Angst zerrinnt? Die wahrhaft zielführende Bewegung müsste anders ansetzen. Sie müsste von dem Neuen herkommen, das Gott initiiert. Christlich also: vom Evangelium her. Von der Reich-Gottes-Botschaft her. Paulinisch: von der Gerechtigkeit Gottes her, die den Menschen umwandelt.

In den Formulierungen vieler Kyrie-Gebete kommen nur wir vor: unser Misslingen, unser Belastet-sein, unsere Traurigkeit. Unser Scheitern. Unsere Grenzen aus Angst, Zorn, Neid und Unverständnis – und die Mächte des Bösen, die aufgezählt werden. Wie Gott zu denen steht, was er will und tut, davon kommt nichts vor. Die eher formale Anrufung seines Erbarmens bleibt ebenso nebulös wie unsere Nöte konkret spürbar werden – ein erhebliches Ungleichgewicht! So bleiben wir in dem Raum, in dem nur wir selbst uns finden. Dabei deuten die Nennungen von „Herr/Kyrie" und „Christe/Christus" schon einen anderen Raum an – die Frage ist nur, ob die reine Nennung dieser Worte schon reicht, das deutlich zu machen. Da viele dieses Gebet auch als sehr formalisiert empfinden – so betet man halt in der Kirche, das muss wohl so sein – , werden die meisten kaum den hier aufgerufenen Inhalt verstehen und mitvollziehen: „Christliche Liturgie `stellt´ in ihrem Raum die Wirklichkeit von Christus `her´, heute freilich ungleich zivilisierter, geradezu bürokratisch domestiziert und ästhetisiert, so dass die Beteiligten schwerlich wissen, was sie im Aussprechen der Formeln tun." (Christoph Bizer) Das Evangelische Gottesdienstbuch (2020) spricht mit Blick auf das entfaltete Kyrie-Gebet von der „umfassende(n) Bedeutung des Kyrie als Huldigungs-, Bitt- und Bußruf". Dann sollte das doch auch deutlich werden!

Das Dilemma ist: hier, in so einer Art gottesdienstlichen Betens, kommen wir – vielleicht aus dem Bemühen, den Menschen nahe zu sein – ganz und gar von unseren begrenzten Erfahrungen her mit dem Versuch, diese zu Gott hin zu verlängern. Doch „an Gott kommt kein Denken, das erst einmal unter Absehung von Gott entwickelt worden ist, heran. Wer es trotzdem so handhabt, darf sich nicht wundern, wenn das … dann ausgewaschen und inhaltsleer erscheint." (Bizer) Das Problem besteht darin, dass wir dann zwar sehr authentisch Nöte, Fragen und Bedrängnisse formulieren können, dass aber der Raum fehlt, in dem diese in ein anderes Licht kommen und sich wandeln können. Dieser Raum entsteht in der Wahrnehmung und Benennung der Ursprungsereignisse biblischen Glaubens: Exodus, Erwählung und Gebot, Kreuz und Auferweckung Christi. Nimmt man aber unbesehen von diesen Zusammenhängen biblische Texte nur als Anregungen und Bruchstücke für unsere eigenen funktional gefassten Interessen, dann ist „die Heilige Schrift … in diesem Koordinatensystem

ihres religiösen Gebrauchswertes, ihrer wirklichkeitssetzenden Kraft entkleidet. Sie hat kein organisierendes Zentrum; ihre Themen finden keinen inneren Zusammenhang.“ (Bizer)
Was Bizer im Kontext der Religionspädagogik entwickelte, scheint mir für Gottesdienst und Liturgie in gleicher Weise zu gelten. Dann ist also die Frage, wie es gelingt, den Raum zu benennen, den das Evangelium allererst schafft und in den hinein unsere Rufe und Bitten so gesprochen werden, dass wir uns nicht in ihnen wiederum nur verlieren, sondern Erhörung geschieht. Dabei scheinen mir unser Erhören des Evangeliums und das Erhören unserer Gebete bei Gott zu korrespondieren (vgl. Joh. 14,13: „Was ihr bitten werdet in meinem Namen…“ – daran sollten wir wohl doch ein paar Gedanken mehr wenden!).
Die Kyriegebete, wie sie im erlebten Gottesdienst dargeboten wurden, reduzieren sich auf unsere Selbstdarstellung und die Bitte an IHN: Erbarme dich! – wohl in der Erwartung einer Verbesserung unserer Lage. Doch wer dies Gegenüber ist, warum wir gerade ihn bitten und was wir genau erwarten und erwarten können: ist uns das klar, und geben wir Hinweise zur Klarwerdung? Oder ist nur die Funktion gefragt, das Geschehen, das machen kann, dass wir uns vielleicht doch besser fühlen – oder gar, dass es wirklich besser wird? Das aber bleibt offen. Darum vermute ich hier eine funktionale Reduktion auf den Wunsch nach einem besseren Selbstgefühl, vielleicht gar besseren Verhältnissen. Das aber bleibt nebulös.

Im Gloriaruf setzt sich das fort. Die Kyrierufe durchmessen doch die Tiefe des Karfreitags in den Erfahrungen unseres Lebens (was man diesen Rufen aber leider oft nicht abspürt) und bitten um die Nähe dessen, der in diesen Erfahrungen bei uns ist, uns nicht verlässt, mit uns leidet, aber auch das Wohltun Gottes an uns wahr werden lässt. Der Gloriaruf kommt aus der Anbetung des Gottes, der uns nicht verlässt, sondern zu uns tritt (der weihnachtliche Aspekt) und der uns in die Wirklichkeit der Auferstehung Christi mit hineinzieht (der österliche Aspekt). Hier brandet also das große Halleluja auf, das Lob Gottes, der alles neu machen wird. Davon bleibt im Gottesdienst dies: „Lasst uns Gott loben für alles, was gut war, was gelungen ist, was uns glücklich macht und freut. Lasst uns Gott danken für alle Bewahrung, die wir trotz allem immer wieder erfahren dürfen." Hier geschieht zunächst dieselbe Reduzierung auf unsere Erlebnisse und Gefühlslagen. Was Gott tut, wird nicht genannt – allenfalls im Stichwort Bewahrung klingt es an. Damit ist es aber schon reduziert auf das segnende Handeln Gottes; Gottes rettendes Handeln an der Welt und den Menschen in dem, was man vormals seine Heilstaten nannte, bleibt außen vor. Das eigene Gott-anrufen gerät so nicht hinein in den biblischen Traditions- und Verheißungsstrom. „Das Inhaltliche rutscht … weg. Es bleiben religiöse Stimmung, Befriedigung religiöser Bedürfnisse durch innere Erbauung, vielleicht fromme Gemeinschaft, in sich ruhend und in sich zufrieden. Die Gesellschaft merkt nichts davon, dass in ihr der Name Gottes ausgerufen wird; …" (Christoph Bizer) Wo aber der Name Gottes angerufen und – wie im Gottesdienst – auch ausgerufen wird, geschieht das im Kontext der Heiligen Schrift.

In der Schrift verbindet sich mit dem Namen Gottes der Schöpfer und Eigentümer (Herr) dieser Schöpfung (wobei die Erde des Herrn ist Ps. 24,1 aber den Menschen gegeben Ps. 115,16), mit ihm werden zugleich seine Barmherzigkeit und seine Gerechtigkeit aufgerufen. Es ist der Gott, der nicht alle unsere Wünsche, aber alle seine Verheißungen erfüllt (D. Bonhoeffer). Letztlich geht es immer um die schon von Luther gesehene Grundfrage, ob wir uns vom Wort Gottes in sich verwandeln lassen, also in Gott hinein und seine Menschen werden, oder ob wir Gott in uns und zum Erfüllen unserer Absichten und Vorstellungen – und nun passt doch dieses Wort m. E. sehr treffend – funktionalisieren. Damit aber machen wir uns selbst zu Herren über diesem Herrn.

Ich sehe in der eben angeführten Art von Gebet im Kyrie und Gloria nichts anderes als eine Funktionalisierung. Hier wird nicht der Name Gottes aus- und angerufen, sondern hier werden lediglich mit vielen Worten (Mt 6,7) unsere Wünsche in einen (welchen?) Gott hineingerufen. Im Mittelpunkt stehen unsere Erlebnisse und Gefühle, und Gott soll uns helfen und bewahren. Das ist funktionales Denken. Was Gott selber will und tut, worin seine Hilfe besteht, woraufhin er uns (außer im Effekt der Entlastung) in Bewegung bringen könnte und sollte, bleibt völlig außen vor.
Wir sagen ihm ja schon, was wir wollen. Weniger Last und Leid. Weniger Ohnmacht. Mehr Hoffnung. Das ist ja nicht schlecht. Aber es benennt nur unsere Wünsche, und es verschweigt Gott und Jesus Christus als ernst zu nehmende Gegenüber, die sich in diesen Prozess auch einbringen. Der Prozess und das, was dabei herauskommen soll, nämlich: dass wir entlastet werden und mit Kontingenzerfahrungen besser zurechtkommen, wird quasi vorgegeben. Das heißt doch: sie werden von unseren Vorstellungen her funktionalisiert. Wir sagen ihnen schon, was zu geschehen hat, um in unserem erwünschten System zu funktionieren.
So sprechen wir in den, den wir „Gott" und „Herr" nennen, hinein, vermeintlich, um ihn umzustimmen. Dabei ginge es zugleich darum, uns umzustimmen – was bei derartig reduziertem Gebetsvorgang aber geflissentlich unterbleibt. Das, was fehlt, worum es aber vor allem anderen ginge, benennt Michael Trowitzsch: in unsere „ureigenen Stimmungslandschaften", in unsere „Selbstgespräche" hinein erbitten wir von Gott „Sprich zu mir: `Ich bin deine Hilfe´" (Ps. 35,3). „Gott wird gebeten, in den Menschen hineinzusprechen und ihn dort, wo er mit sich allein ist, umzustimmen."
Wo genau das aber fehlt, da nimmt man das Kraftzentrum des Evangeliums aus diesem Beten heraus, man beschränkt sich auf das Humanum, das Menschliche, und redet vom Göttlichen nur insoweit, wie es aus unserer Sicht erwünscht und nötig erscheint. Das Vaterunser z. B. ist gänzlich andersherum aufgebaut – und ist es nicht

das Vorbild allen christlichen Betens? Da kommen unsere Bitten an zweiter Stelle, und voran steht der Wunsch um die Heiligung des Gottesnamens, um das Kommen seines Reiches (zu uns!?, hier und jetzt, nicht erst am Ende der Zeit), um das Geschehen seines Willens im Himmel und auf Erden.

Wie also müsste ein Kyriegebet aussehen, das im Verlust der Gottesbeziehung den ersten Grund erkennt, Gott um seine Nähe und sein Erbarmen anzurufen? Zugleich ist es das Gebet, das ganz und gar davon lebt, dass Gottes Kommen zu uns die Beziehung zu ihm neu macht. Dann wäre ja auch unsere faktische Gottlosigkeit zu thematisieren, und nicht nur unsere Leideindrücke und Leidgefühle. Die haben natürlich auch ihr Recht, ihren Platz und vor allem auch ihre Beziehung zu dieser anderen Perspektive. Aber wie will man ernsthaft Gott anrufen, ohne die wirkliche Beziehung oder eben auch Nichtbeziehung zu ihm zu beachten? Erst wer das tut, kann doch ernsthaft mitbeten: „Ehre sei Gott in der Höhe und Frieden auf Erden!" Weil wir aber zu oft so oberflächlich agieren und uns der Zusammenhänge unseres gottesdienstlichen Betens gar nicht bewusst zu sein scheinen, verpuffen viele unserer Gebete in ihrer eigenen Irrealität, in ihrer Unwirklichkeit. Um Kraftwirkungen zu erfahren, muss ein Mensch doch wirklich werden und nicht in Illusionen agieren. Und muss es sich nicht als Illusion erweisen, wo immer wir Gott für uns zu funktionalisieren trachten? Wie umfassend und selbstverständlich uns diese Vorgehensweise aber längst geworden ist, führt auch Abraham Heschel an: „Die Forderungen der Frömmigkeit sind ein Geheimnis, vor dem der Mensch nur ehrerbietig schweigen kann. In einer technologisch orientierten Gesellschaft, in der Religion zu einer Funktion wird, ist auch Frömmigkeit nur ein Mittel zur Befriedigung von Bedürfnissen. Wir müssen darum besonders sorgfältig darauf achten, daß wir uns nicht angewöhnen, Religion wie eine Maschine zu betrachten, die man einfach in Betrieb setzen kann, oder wie ein Geschäft, das man nach eigenen Berechnungen betreibt."

In welcher Haltung gilt es dann aber, das Kyrie- und Gloriagebet „recht“ zu gestalten? Ich versuche einen Zugang. Zum ersten Teil: Kyrie eleison, Herr erbarme dich. Beim Ansingen ahne ich die Figur des blinden Bartimäus (Mk 10,46-52). Er sieht Jesus nicht an sich vorübergehen, wie auch, er ist ja blind. Aber er hört, wohl von anderen, wer da in seine Nähe kommt. Da fängt er an zu schreien: „Jesus, du Sohn Davids, erbarme dich meiner.“ Sollte also Sehnsucht ans Ziel kommen, sollte Verheißung sich erfüllen? Bartimäus ruft nicht einfach aus seinem Elend und seiner Bedürftigkeit um Hilfe. Er ruft den an, der im Namen Gottes kommt, den die Seinen erwarten dürfen, der auch zu ihm kommt. Andere wollen ihm das ausreden, fahren ihn an, er solle schweigen. Er aber schreit noch lauter: „Du Sohn Davids, erbarme dich meiner.“ Sohn Davids. Das ist der, der kommt, das Reich neu zu begründen und fortzuführen. Das ist der, der klarmacht, Gott lässt die Seinen nicht im Stich. Das ist der, der darum auch Kyrie genannt wird, Herr, weil er die Welt in ihren Ursprung und die Welt in ihr Geschaffensein führt, in dem es heißt: es ist sehr gut. Im Ruf des Bartimäus ist eben nicht nur das schreiende Elend, nicht nur das, was Not macht; es ist auch dies, dass das alles auf einmal eine Adresse findet, einen Ort, ein Gegenüber, aus seiner Zufälligkeit und Egalheit heraustritt. Genau das soll sich im Gottesdienst vollziehen, dieses Ereignis soll geschehen: Christus gewahr zu werden und zu ihm zu treten. „Jeder Bestandteil des Gottesdienstes, die Liturgie in jedem Zug, heißt: Richtungsänderung zu ihm hin.“ (Trowtizsch) Bartimäus vollzieht genau diese Änderung.

Bartimäus sieht Jesus nicht. Aber Jesus sieht ihn. Und wie Bartimäus mehr sieht als viele, die sehen – denn er sieht, mit wem er es hier zu tun hat –, so sieht auch Jesus mehr als die, die den Blinden zum Schweigen bringen wollen. Jesus sieht, was aus ihm werden wird – und er führt den Bartimäus dahin und zuletzt folgt ein sehender Bartimäus Jesus nach.

Ich müsste also den ersten Teil beten: Kyrie – Herr, der du kommst, der du nah bist, du gehst nicht vorüber, so sehr die anderen auch schreien, ich wäre doch nicht dran. Du bist, der mich geschaffen hat. Du bist, der mich vollenden wird. Aus deiner Hand falle ich nicht. Denn auch ich bin von dir und kein Produkt des Zufalls. Du bist der Herr deiner Welt, du lässt dein Reich kommen, und deinen Willen willst du wahr machen – auch in unserem und in meinem Leben. So ist es, und so wird es geschehen. Darum rufe ich dich an, darum beten wir zu dir: Nimm alles von uns, was deinem Kommen entgegen ist, überwinde alles, worin wir erblinden und verzweifeln und dich nicht erkennen. Öffne unsere Augen für dich und dein Tun, öffne unsere Herzen für dich, unser Leben füreinander. Der erste Kyrieruf geschieht nicht nur aus unserem Elend. Er geschieht vor und zu dem hin, den wir als Herrn anrufen dürfen. Und wir gehören zu den Seinen. Das sollte den ersten Kyrieruf mit tragen, das sollte er ausdrücken, so wie Bartimäus den Sohn Davids nennt – den, der das Heil schaffen wird. Weil Er so ein Gott ist, darum rufen wir zu ihm. Und in solchem Rufen geschieht dann schon nicht weniger als dies: „Die Rufenden befinden sich in ihrem Rufen bereits in der Gotteswirklichkeit, … im Himmel, obwohl es andererseits bei ihnen noch ganz irdisch zugeht." (Bizer) Das soll hier als Fundament unseres Betens mit zum Ausdruck kommen. Und darin erkennen wir auch unser wirkliches großes Elend, das wir ja sonst meist gar nicht empfinden – unsere eigene Gottlosigkeit.

Zum zweiten Ruf: Christe eleison – Christe, erbarme dich. Als „Herr" wird auch der Name Gottes des ersten Testamentes wiedergegeben. Als „Herr" werden auch irdische Herren und Autoritäten bezeichnet. Zu ihnen tritt der barmherzige Herr-Gott (nicht zu verwechseln mit dem gestrengen „Herrgott"; der biblische Gott ist nicht der in Mt 25,24 beschriebene) in Konkurrenz. Sein Name füllt sich mit den wunderbaren Taten, die er an seinem Volk geschehen ließ – als ein mitgehender Gott, als einer, der sieht und hört und der aufmerksam ist.

Dieser Gott bekommt in Jesus Christus auch ein menschliches Gesicht. Ihn rufen wir an: Christus, erbarme dich. Den rufen wir an, der unser Menschsein kennt, der sich in und an unserem Menschentum gestoßen hat, sich an Grenzen gestoßen, im Verrat verlassen wurde, in Verzweiflung einsam war. Der am Kreuz für seine Peiniger bittet: Vater, vergib ihnen, sie wissen nicht, was sie tun. Christus, der du nicht nur unser Elend kennst, sondern unter dem Elend unserer Gottlosigkeit auch selber zu leiden hast – Christus, der du die Nähe und Liebe des Vaters in all unsere Not mitten hineinbringst und die Kraft, ein Neues zu schaffen – wende auch uns um: weg von unseren eigenen Wegen, auf denen wir in die Irre laufen, hin auf die Wege, die du mit uns gehst. Es heißt, du nimmst uns auf in deinen Leib, machst uns zu deinen Gliedern, deren Haupt du bist – als deine Glieder rufen wir zu dir, unserem Haupt: als deine Glieder mach uns neu und lass uns leben. Als solche, die in Christus sind, in dir. Und die du niemals loslassen wirst.

Damit befinden wir uns im „Raum der Auferweckung“, in der Wirklichkeit Gottes, die sich von unserer irdisch-menschlichen Wirklichkeit unterscheidet. In einer Welt, in der uns – wie man mitunter hört – nur eines sicher ist, nämlich der Tod, mutet die Verkündigung von Auferweckung und Auferstehung an wie ein völlig unverständliches Geheimnis. „Der Name, den das Geheimnis trägt, ist `Jesus Christus´. Der Auferstandene ist und wirkt in seiner Person – mit und durch seinen Tod - `Auferstehung´: die lebendige Gotteswirklichkeit zum Heil; in den Wirklichkeiten heil-loser Menschen.“ (Bizer) Damit wir aber den Raum nur unserer Wirklichkeit verlassen können und in den der Wirklichkeit Gottes wie auch immer eintreten können, der uns ja geheimnisvoll und völlig unselbstverständlich erscheinen muss, muss uns dieser Raum doch eröffnet werden. Er muss uns zugesprochen werden. Er muss uns vor Augen gemalt und in die Ohren genannt werden. Das wird er uns in der Geschichte des Christus. Und wo die fehlt, da fehlt auch dieser Raum.

Zum dritten Ruf: Kyrie eleison – Herr, erbarm dich über uns. Dabei sehe ich einen, der sich über uns beugt. Dabei sehe ich das Antlitz über uns scheinen, das der Segen uns zuspricht. Das Antlitz, das leuchtet – über uns. Es taucht uns in sein Licht. Dieses Lichtes lass uns gewahr werden. Ist darin nicht Erbarmen genug für eine jede und einen jeden von uns?
Erbarm dich über uns. So, wie du dich über uns beugst. Geborgenheit gibst. Uns dein Angesicht leuchten lässt und die Hand auflegst zum Segen. Uns nahe kommst. Und noch näher – denn du kommst nicht nur über uns zu uns. Du erbarmst dich auch unter uns. So, wie du dich unter uns Menschen keinem zu schade warst. Gerade dafür hat man dich ans Kreuz gehenkt. Ganz nach unten, wie es hieß: Verflucht ist von Gott und Menschen, wer am Holz hängt. Tiefer kann keiner mehr fallen – und da bist du. Unter uns. Tiefer geht nicht. Und darum ist keiner, über den du dich nicht erbarmen könntest, weil du ganz unten bist. Da suchst du uns auf. Weil du so ganz unten bist, darum gibt es keinen, der nicht einstimmen dürfte: Erbarm dich über uns, auch über mich – denn es ist keiner, den du nicht fassen könntest, da ganz unten. Und so wird Christi Erniedrigung am Kreuz seine und unsere Erhöhung. Seine Hingabe bis in den Tod eröffnet uns Leben. Die Niedrigste ist der Höchste, und die Letzten werden die Ersten sein!

Und dann kommt das Gloria. Ehre sei Gott in der Höhe, also ganz oben – denn er ist von dort ganz unten aufgeweckt, aufgestanden, auferstanden zur Rechten Gottes. Und dahin zieht er alle mit. Dass Gott das gelungen ist, das ist der Grund, der Ursprung, die Kraft in diesem Lobruf – und nicht das, was mir in der letzten Woche gelungen ist, so schön das ist. Und daran kann ich dann ja auch denken, warum auch nicht. Aber das ist diese Woche so und nächste Woche anders. Im gottesdienstlichen Gebet aber geht es um den, der da war und der da ist und der da kommt. Und da loben wir Gott nicht nur dafür, was wir als gut empfinden und uns glücklich machte – da loben wir Gott dafür, dass er kommt und das Glück seines Segens und seiner Liebe sich nicht wandelt und wir darin fest werden dürfen und eine Zukunft bei ihm haben, und er wird alles in allem sein. Und Jesus Christus derselbe, gestern, heute und in Ewigkeit!

In dieser Hoffnung, in solchem Vertrauen sind wir jetzt schon bei ihm und feiern miteinander den Gottesdienst. „Der Auferstandene bezieht diese Gemeinschaft in seinen Machtbereich ein und lässt sich daraus anrufen“ (Bizer). Und er wandelt uns darin zu Menschen, die nicht nur ihre Not in Gott hineinrufen, sondern in solche, welche die sie selber verwandelnde Liebe, Macht und Gerechtigkeit Gottes empfangen, die ihr Leben neu werden lässt. Das ist eine Erfahrung, in der wir unserer eigenen Dürftigkeit und Begrenztheit entnommen werden und neu werden im dankbaren Empfangen der Kindschaft Gottes. Die aber ist nicht fokussiert auf Funktionen, die wir nutzen oder bedienen. In ihr geht es um eine Personalität größter Würde und höchsten Glücks. Die sind durchaus nicht unvernünftig – sie lassen uns aber etwas empfangen und aufleben in einem Raum, der doch höher ist als alle Vernunft.

In jeglichem funktionalen Denken und Handeln geht es letztlich immer in der Hauptsache um die Befriedigung unserer Bedürfnisse und die Durchsetzung unserer Interessen. Es geht darum, dem ständig drohenden Mangel an lebensnotwendigem Material, an Zugehörigkeit, Schutz und Geborgenheit, Gesundheit und gutem Leben zu wehren, im Kern: den immer drohenden Tod in Schach zu halten. Neigt Funktionalität deswegen vielleicht auch dazu, das Überleben vor das Leben zu stellen? Vor das Leben, dessen Bedingungen funktionales Handeln sichern und befördern will. Dann tritt – spitz gesagt: in der Angst vor dem Tod – die Person hinter die Funktion zurück. Egal, ob man die Existenzphilosophie nimmt oder Heideggers Versuch, die Metaphysik neu zu begründen – immer finden wir Menschen uns da gegenüber dem „Nichts“. Angesichts des

Todes und des drohenden Nichts geht der Funktionalismus daran, das Überleben sichern zu wollen. Anders der Glaube. Im Evangelium Jesu Christi zeigt es sich: „nicht einmal die Ausnahmslosigkeit des Todes ist vor seiner Liebe sicher. Wenn einer `hinfort nicht mehr stirbt´ (Röm 6,9), ist dem Tod sein bisheriges Wesen entrissen: die alles Lebendige leichthin wegwischende Nichtung für immer wird aufgehoben." (Trowitzsch) Ein neues, unbezwingbares Leben tritt hervor. In den Raum dieses Lebens treten wir mit dem Ruf des Kyrie und dem Lob des Gloria.

Es geht hierbei nicht um einen „funktionalen Mechanismus" (Bizer), sondern um das Wunder des Glaubens. Es geht nicht um eine Anschauung von Welt und Leben, sondern um eine Art und Weise, lebendig und in der Welt zu sein – und darüber hinaus in „Gottes neuer Welt".

Das Kommen von Gottes neuer Welt vollzieht sich im Irdischen auf einem Planeten, der wie „über das Nichts gehängt" erscheint (Hiob 26,7). „In den Worten Hiobs wird die Instabilität der Welt erkennbar, die, wäre sie auf sich selbst gestellt, zusammenfallen müsste, und die steht und besteht, weil die Kraft und die Macht Gottes sie hält." (Jürgen Ebach) Dank und Freude der Glaubenden besingt mehr noch als dieses Wunder den, der es tut und greift damit über das Funktionale hinaus. Aber auch dieser Freudentanz des Glaubens ereignet sich wie über dem Nichts, in dem wir ständig und jederzeit versinken könnten – es aber nicht tun. In dieses Nichts werden aber auch wir Irdischen versinken – am Ende unseres Lebens, am Ende der Welt. Woher dann die Freude? Sie erkennt uns von oben her wie aufgehängt. Sie erkennt den, der nicht nur den im (Ur-)Wasser versinkenden Petrus herauszieht (Matthäus 14,30f.). Kreuzigung und Auferweckung deuten an, wie Gott uns nicht nur jetzt von oben her hält, sondern auch dann, wenn wir nichts mehr halten können. Kyrie und Gloria gehören zusammen. Im Gloria rühmen wir den, den wir im Kyrie anrufen; er allein ist es, der uns hält und Leben verheißt.

Aufhänger dieser Überlegungen war der Kyrie- und Gloriateil zu Beginn des Gottesdienstes. Mir ist klar: dieser steht verbunden im Ganzen des Gottesdienstes. Man darf ihn nicht überfrachten. Es kann auch keiner mehr wirklich Gottesdienst feiern, der nur reflektierend und erklärend dauernd neben sich und der Gemeinde steht und Erläuterungen gibt. Darum sind die Fragen, die hier an diesen einen Teil des Gottesdienstes gestellt wurden, prinzipiell auf sein Ganzes zu erweitern. Knapp gesagt: Praktizieren wir den Gottesdienst wie eine eigene Veranstaltung oder in der Weise der lutherschen Torgauer Formel, die besagt, „dass unser lieber Herr selbst mit uns rede durch sein heiliges Wort, und wir wiederum mit ihm reden durch Gebet und Lobgesang“ (Einweihung der Torgauer Kapelle durch Martin Luther am 5. Oktober 1544, WA 49,588).

Darum also geht es: Im Ganzen des Gottesdienstes von Christus her und auf Christus hin zu feiern, vor ihm und mit ihm, in der Ahnung des himmlischen Gottesdienstes Teil zu gewinnen am Lob Gottes und herausgehoben zu werden nur aus uns selbst in die neue Wirklichkeit, die Menschen Gottes eignet. Und das nicht als Besitz, sondern als immer neues Geschehen. Aber doch ein Geschehen, dem Ewigkeit eignet. Fügen sich die einzelnen Teile des Gottesdienstes darin ein, müssen sie keinesfalls immer „alles“ zum Ausdruck bringen. Sie tragen sich vielmehr gegenseitig, weil sie von anderswo her getragen sind. Auf dieses, was wir letztlich nicht machen können, sich dem aber zu öffnen wir gerufen und eingeladen sind, und es dann auch in unsere Hände und Münder nehmen sollen, kommt alles an.

Funktion, System und Kirche

Seit Jahrzehnten wird auch das kirchliche Handeln und werden kirchliche Strukturen unter dem Blickwinkel der Funktionalität betrachtet. Wo von Funktion die Rede ist, kann in aller Regel eine Absicht erkannt werden. Eine gefügte Struktur, ein benennbarer Inhalt, ein praktiziertes Angebot sind zu etwas gut, sie haben einen Nutzen, sie erfüllen eine Aufgabe, die Menschen von ihnen erwarten. Dabei ist zu differenzieren, in welcher Funktionsbeziehung die Dinge gesehen werden. Grundsätzlich lassen sich drei Bezüge unterscheiden: die Funktion für die, die Strukturen erhalten, beleben und anbieten (also die Funktionsträger); die Funktion für die, die diese nutzen (also die, die Funktionen nachfragen und / oder die Mitglieder); die Funktion im Verhältnis zum Auftrag der Kirche, wie er traditionell in „Schrift und Bekenntnis“ formuliert ist.

Im Verhältnis zum Systemdenken kann kirchliches Handeln sehr verschieden in Stellung kommen. Es hängt davon ab, ob und inwieweit man in kirchlichen Strukturen und Handlungsweisen ein eigenes System oder Subsystem der Gesellschaft erkennt oder aber diese in einer Art Querschnittdimension in einem wirksamen Verhältnis zur gesamten Gesellschaft erkennt. Davon wird in früheren Zeiten zwar auch nicht generell, aber doch sehr viel stärker die Rede sein können als zu Beginn des 21. Jahrhunderts. Die gegenwärtige Kirchenentwicklung ist dadurch gekennzeichnet, dass die Bedeutung kirchlicher Strukturen und kirchlichen Handelns für die Gesamtgesellschaft deutlich abnimmt. Dadurch befindet sich die Kirche sowohl in einer vielfachen äußeren Umstrukturierung als auch im inhaltlichen Bereich der Frage konfrontiert, worin ihre Aufgabe vorrangig zu bestehen habe und wie diese anzupacken sei. Auch in dem Diskussionsprozess um genau diese Fragen spielen nun wiederum auch funktionale Theorien eine Rolle, weil man meint, damit Kirche und kirchliches Handeln begründen zu können. „Seht mal, dazu sind wir gut und wichtig!“

M. E. hat Wilhelm Gräb mit seinem homiletischen Essay (in den Predigtstudien 2016/17 Bd. II) „Drei Themen der religiösen Rede:

Sinn, Schuld, Tod" einen solchen funktionalen Nachweis zu führen gesucht. Danach nimmt „die Predigt die religiösen Fragen auf..., die uns das Leben stellt." Und das sind vor allem diejenigen, „in denen wir unserer Endlichkeit, Begrenztheit und Abhängigkeit bewusst werden." Darauf also soll Religion antworten, darin besteht folglich ihre Funktion für den Menschen und dann wohl auch in der Gesellschaft. Andere Autoren sprechen davon, Religion solle die Zufälligkeit und Unbestimmtheit des Lebens erträglich machen und ihm helfen, mit der Vergänglichkeit umzugehen (damit fertigzuwerden wäre vielleicht doch etwas zu vollmundig). Man nennt das Kontingenzerfahrung und Inkohärenz des Lebens und der Welt, die den Menschen den Eindruck der Zufälligkeit und Unbehaustheit angesichts des Unerklärlichen und Begrenzten ihrer Möglichkeiten und Einsichten vermitteln – da soll sich dann die Religion als hilfreich erweisen. Das macht dann ihre Funktion aus. Es fällt auf, dass dabei ein defizitärer Ansatz gewählt wird: der Ausgangspunkt liegt in einem Nicht-Wissen und in einer gewissen Not. Dagegen hat schon Dietrich Bonhoeffer ins Feld geführt, Gott nicht an den Grenzen, sondern von der Mitte des Lebens her zu thematisieren. Der Grund für Bonhoeffers Kritik an der Vorgehensweise, Gott in den von uns gestellten Fragen und deren angeblichen Lösungen zu suchen, ihn also nicht als Lückenbüßer zu verwenden, sondern ihn „im Leben und nicht erst im Sterben, in Gesundheit und Kraft und nicht erst im Leiden, im Handeln und nicht erst in der Sünde" zu erkennen, liegt „in der Offenbarung Gottes in Jesus Christus. Er ist die Mitte des Lebens, und ist keinesfalls `dazu gekommen´, uns ungelöste Fragen zu beantworten." (DBW 8,455) Genau das aber ist die im funktionalen Denken übliche Vorgehensweise: man sieht, was (inhaltlich) die Religion an Antworten auf unsere Fragen zu geben vermag und was (institutionell) die Kirche der Gesellschaft nutzen kann. Damit gerät man freilich in die Gefahr, dass all das, was nicht im Bereich unserer je eigenen Fragen und Nützlichkeiten begegnet, gar nicht mehr wahrgenommen wird.

Gleichzeitig dürfen die Fragen, die auch Gräb aufwirft, in ihrer Bedeutung nicht verkannt, sie dürfen auch nicht denunziert werden.

Sie sind ja wesentliche Fragen. Man muss dann halt nur auch methodisch fragen, was sie z. B. homiletisch bedeuten. Dazu stellen m. E. die biblischen Überlieferungen nicht nur verschiedene „Orientierungsinstrumente“ (Gräb) zur Verfügung, die wir dann wiederum deuten, sondern es spricht aus ihnen immer wieder auch eine Deutlichkeit eines Zuspruchs wie Anspruchs, der mit niemand geringerem als Gott verbunden ist. Religion fragt eben danach, wie Gräb richtig sagt, „was das Ganze überhaupt soll“. Damit tritt sie aber aus der Rolle der funktionalen Deutung hinaus in eine weitere Dimension. Da geht es nicht mehr nur um unsere Wirklichkeit und deren Deutung, da geht es um die Wirklichkeit Gottes und wie diese unsere Wirklichkeit erkennt und durchdringt. Auch das benennt Gräb, wo er von der Schuld spricht: „Die Wirklichkeit geht nie im Vorhandenen auf. Das ist die göttliche Sicht auf unser Leben. Das Tröstliche, das darin liegt, kehrt die Botschaft des Evangeliums hervor. Welchen Lebensgewinn es bedeutet, sich selbst als Adressaten dieser Botschaft verstehen zu können, kann die zur religiösen Rede werdende Predigt zeigen.“ (Gräb) Was hier freilich (vom funktionalen Ansatz her) außer Betracht bleibt, das ist, dass die Predigt des Evangeliums nicht nur deutet und tröstet, das tut sie gewiss auch, aber sie überführt auch und sie spricht einen Wandel ins Leben hinein, der über das, was wir funktional beabsichtigen, nicht nur weit hinausführt, sondern dem gegenüber einen neuen, ganz anderen Ansatz einführt: die Verwandlung des Menschen in das kommende Gottesreich hinein. Dazu gehört dann auch ein Leben, das davon in Wort und Tat Zeugnis gibt.
Gräb endet mit der Feststellung: „Der Glaube ist freilich kein handelndes Subjekt, sondern wir Menschen sind es, die glauben, lieben und hoffen. Wir sprechen in Bildern von dem, was unser endliches Wissen übersteigt, in das wir aber dennoch auf eine uns verstehbare Weise einbezogen sind, wenn wir zu uns selbst und dem stehen, woraus uns täglich neu der Mut zum Leben erwächst.“ Das würde ich mir etwas weniger „kryptisch“ wünschen, wenn es denn verstehbar ist, warum lässt es sich dann nicht konkreter in seinen Zusammenhängen und seiner Wirksamkeit sagen und ansagen? Anders gefragt: Warum trauen wir uns heute so wenig zu, das

Evangelium und den Glauben zusprechend zu reden und zu handeln? In lutherischer Theologie nannte man das einmal assertorisch, zusprechend, vergewissernd. Liegt es auch daran, dass diese Rede aus einer anderen Haltung kommt als der, auf Fragen antworten zu wollen? Und diese Haltung rechnet auch damit, dass nicht nur wir Menschen es sind, die Antworten geben, und nicht nur wir es sind, die Fragen stellen – sondern Gott selber sucht und fragt auch uns und weiß auf manches die Antwort, die wir aber vielleicht gar nicht hören wollen?

Menschliches Leben empfängt sich unter irdischen Bedingungen – anfänglich durch Zeugung, Schwangerschaft und Geburt, alltäglich durch allerlei Gegebenheiten, auf die Leben angewiesen ist (körperlich, psychisch, geistig, sozial). Die Bereitstellung dieser Notwendigkeiten lässt sich in funktionalen Perspektiven wahrnehmen und beschreiben: was geschieht wann, wo und auf welche Weise und in welchen sozialen Zusammenhängen, um Leben beständig zu ermöglichen und sich möglichst gut entwickeln zu lassen? Was brauchen Menschen und ihre Gesellschaften dazu, um die sich dazu stellenden konkreten Aufgaben zu erfüllen?

Funktionalität ist also ein Blickwinkel, der sich vom Grundansatz der Lebensbewältigung her ergibt. So gesehen hat sie vor allem die Tätigkeit des Menschen im Blick: was ist zu tun, damit die Grund- und weiteren Bedürfnisse erfüllt werden, die Leben ermöglichen, erhalten und gut werden lassen? Die dazu zu erledigenden Aufgaben sind die Funktionen, um die es auch in der funktionalen Perspektive geht. Hinzu treten die Fragen, wie die Funktionen der je einzelnen und des Gemeinwesens bzw. sozialer Organisation sich je einander zuordnen bzw. auch voneinander abzugrenzen sind, und auch, wie die Funktionalität der Abläufe, um funktionale Ziele zu erreichen, sich verhält zur Personalität des Menschen. Man sagt, „keiner von uns ist unersetzbar“, zugleich weiß man aus Erfahrung, dass dort, wo nur ein Mensch fehlt, die ganze Welt leer sein kann.

Der Begriff der Funktion erscheint folglich personal fast wie entleert, denn zur Wahrnehmung einer Funktion und zum Erreichen eines

Zieles sind wir Menschen in den allermeisten Fällen eben doch austauschbar. So erscheint der Begriff der Funktion handlungs- und maßnahmenorientiert, um Lebenswichtiges und mehr oder weniger Notwendiges bereitzustellen. Daher ist man geneigt, ihn eher auf einer sachlichen Ebene abzuhandeln. Hat man dabei menschliche Grundbedürfnisse zur basalen Erhaltung des Lebens im Blick (Ernährung, Gesundheit, Schutz vor Kälte und Nässe etc.), erscheint die Funktionsfähigkeit dieses Begriffes zum einen gegeben, zum anderen aber begrenzt. Spätestens dort, wo die Person ins Spiel kommt und persönliche Begegnungen eine Rolle spielen, ist das rein funktionale Denken nicht mehr hinreichend.

Anhand des Verlustes von Menschen durch deren Tod beobachtete Georg Scherer ein unterschiedliches Umgehen von Menschen mit dieser Situation. Die einen ersetzen den verlorenen Funktionsträger durch einen anderen, andere betrauern die verlorene Person. Betrachtet man einen anderen Menschen nur als eine Art „Funktionsbündel", geht damit die Einsicht in die Verbundenheit des Lebens und der persönliche Sinn der Teilhabe am Eingebundensein in das „Bündlein der Lebendigen" bei Gott (1. Samuel 25,29) verloren. Verloren geht das Mitsein der Menschen untereinander zugunsten des Habens, über das man zur Sicherung des eigenen Lebens verfügt und zugunsten der Bemächtigung über das Leben, die man erstrebt.

Die in Funktionen vorgestellte Gesellschaft reduziert die Begegnung auf die Erfüllung bestimmter, „technisch" zu beschreibender Erwartungen. Der Erhalt des Lebens und seine Funktionstüchtigkeit stehen dabei im Vordergrund, die Person als solche tritt dahinter zurück, und das nicht selten völlig. Man begegnet dann auch einander in der Erwartung der Funktionserfüllung, auf die habe man doch auch ein Recht, entweder, weil es dazu einen gesetzlichen oder vertraglichen Anspruch gibt oder eben, weil man bezahlt hat, wie man sagt. Man nimmt damit ein Recht an, das man auch durchsetzen will, und so nutzt man einander. Nach Gabriel Marcel gehört zum „Wesen der Hoffnung", dass man die „souveräne Würde" besitzt, „sich keine Rechte anzumaßen".

Im Grunde bedeutet das: dem Leben offen und erwartungsvoll zu begegnen und es nicht schon im Vorfeld in Formen und Erwartungen gepresst zu haben, die es erfüllen muss. Dem entspricht eine Haltung der gespannten Begegnung. Die ist dem Leben angemessen, das so oft anders daherkommt, als man denkt. Tun und planen kann man viel, meine Erfahrung sagt mir, was mein Schaumburger Landsmann Wilhelm Busch schon 1882 in die Worte fasste: „Aber hier, wie überhaupt, kommt es anders, als man glaubt." (aus Plisch und Plum) Eine „Haltung der Forderung" geht da anders heran und provoziert damit den „Geist des Misstrauens" (Marcel). Denn nun muss man fragen, ob und zusehen, dass es klappt mit der Verwirklichung dessen, was man für sein Recht und damit irgendwie auch für selbstverständlich hält. Nur – das ist es nicht! Der Versuch, die Welt in das Bild der eigenen Erwartungen und – wie man meint – Ansprüche zu pressen, der wird niemals gänzlich gelingen. Die Welt zur Funktion dieser Erwartung zu machen endet in einem beständigen Kampf. Und diese Handlungsweise bedeutet, „dass wir, allem Anschein zum Trotz, uns selbst fremd werden im Maße, wie wir die Wirklichkeit wie eine Sache betrachten, die erschlichen und zu unserer Verfügung gestellt werden kann" (Marcel). Eine solche „uns dienstbar gemachte Wirklichkeit" verändert sich in ein „Götzenbild", dem wir frönen, und „die Götzenbilder und Abgötter erscheinen einem genügend scharfsichtigen Blick stets als die Meilensteine, welche die Straßen der Verzweiflung abstecken". Hier wird das Leben in eine Spur gepresst, in der es gelingen und sich erfüllen soll – was es aber niemals können wird, da wir es schon vom Ansatz her gebunden haben und damit auch uns selbst. Die Illusion von der Beherrschung des Lebens im Gelingen seiner Funktionen raubt die Freiheit und führt – mitten unter den Fleischtöpfen Ägyptens – ins genaue Gegenteil, denn gerade so produziert man den „Tod im Topf"!

Es zeigt sich ein Wandel, den man auch als Funktionalisierung des gesellschaftlichen Lebens beschreiben kann. Die Person des einzelnen spielt auf der Ebene des vergesellschafteten Lebens eine immer geringere Rolle, da die Abläufe normiert sind und in Systemen ablaufen. Die Beschränkung auf die jeweilige Funktionalität bedeutet aber nicht nur ein Zurücktreten der einzelnen Menschen, damit zugleich vermindert sich die Rolle der offiziellen Religion, welche die Menschen traditionell in ihre herkömmlichen Rollen einwies und ihnen deren Sinnhaftigkeit vermittelte. Das scheint nun schlicht und ergreifend nicht mehr nötig, denn dies geschieht rein funktional und unter Absehen der Person. Der einzelne als Person wird wiederum verzichtbar – nur für den eigenen engsten Lebenskreis nicht. Philippe Aries fragt: „Wie aber ist die Abdankung der Gemeinschaft zu erklären? Mehr noch: Wie kam sie dazu, ihre Rolle umzukehren und die Trauer, der Respekt zu verschaffen einst ihre Aufgabe war, im 20. Jahrhundert zu untersagen? Der Grund dafür war, dass die Gemeinschaft sich am Tod eines ihrer Mitglieder immer weniger beteiligt fühlte. … Im alten Sinne des Wortes existierte sie gar nicht mehr als `Gemeinschaft´, sie war ersetzt worden durch eine ungeheure Agglomeration von atomisierten Individuuen." Und der einzelne ging in der Gesellschaft unter in seinen Funktionen. Die Gesellschaft, wenn man das so sagen kann, war in gewisser Weise „seelenlos" geworden. Dann erscheint aber zugleich auf ihrer Ebene eine Institution, die für die Seele steht und einsteht, wie die Kirche und Religionsgemeinschaften das tun, unnötig und wie im luftleeren Raum. Mögen die einzelnen auch danach fragen – für das System und seinen Ablauf, also seine Funktionalität, ist so etwas bedeutungslos. Darum wirken die Kirche und ihre Angebote darin immer ein wenig wie „im falschen Film". Und eine Kirchenorganisation, die selber beim Funktionalismus ansetzt, pervertiert sich selbst – findet sie ihre Rolle doch immer nur im Zusammenhang der Personen und nicht reduziert auf die Funktionen. Eine Kirche, die dem Funktionalismus verfällt, schafft sich so gesehen selber ab. Das heißt nicht, dass sozialwissenschaftlich die funktionale Perspektive auf Kirche generell unsinnig wäre. Aber sie ist dermaßen unangemessen, wenn es darum geht, Grund, Formen und Ziele kirchlichen Handelns vom Glauben her zu erkennen und zu beschreiben, vor allem: zu leben. Darin wird der Funktionalismus dann immerzu „gesprengt".

Darauf verweist auch Schlingensiepen in seiner Bonhoeffer- Biographie: „Die wesentliche Aufgabe der Kirche ist, das Wort Gottes zu verkündigen. Deshalb kann die Kirche niemals eine Funktion – und sei es auch die höchste – des Volkes sein. Die Kirche hat ihren Auftrag innerhalb des Volkes, aber nicht `vom Volke her´." Nicht von einer anderen Größe her, die der Kirche eine Funktion aufdrückt, der sie sich verpflichten soll, erfüllt die Kirche ihren Auftrag, sondern vom Wort her.

Es könnte ja sein, dass uns im gegenwärtig zu erlebenden Zerfall der Volkskirche etwas einholt, was gar nicht so neu ist, sondern sich hier nur etwas vollzieht, was in der Weigerung der Scheidung der Geister schon über Jahrhunderte verweigert wurde. Nach der Zeit der verweigerten Aussaat erlebten wir dann nun die Zeit der mageren Ernte. Eine Missernte für uns, die wir verlernten, verweigerten?, auf das Evangelium zu hören? Wussten wir noch, was uns mi dem Glauben des Evangeliums geschenkt war? Oder wussten wir es nicht – und wussten dann auch nicht, was wir zu tun hatten? Statt die Kirche in der Perspektive des Evangeliums zu sehen, und durch sie hindurch immer zugleich auf die, zu denen sie gesandt ist, haben wir uns daran gewöhnt, das christliche Bekenntnis als eine Art Selbstverständnis und Identität zu begreifen, die zu finden und zu pflegen und weiterzugeben ist. So wurde der Glaube und auch die Glaubensgemeinschaft zu einer Funktion unseres Eigenen, auch zur Funktion des jeweiligen Volkes. Und dann entsteht der Irrsinn, dass die Völker Europas sich bekriegten und jedes Gott auf seiner Seite sah. Die Kirche ist aber nicht dazu da, menschliche Identitäten und Institutionen „abzusegnen" und ihre Bedürfnisse zu erfüllen, schon gar nicht, wenn sie aus ihrem überzogenen Eigensinn hervorquellen.

Die gegenwärtige Betonung von Individualismus, Eigensinn und Singularisierung steht zu dem hier Ausgeführten m. E. nicht im Widerspruch. Diese Denk- und Handlungsweisen zeigen nur den mitunter verzweifelten bis stolzen Selbstbehauptungsversuch der einzelnen Menschen, in dieser Situation für sich, aber auch im Spiegel der anderen und der Gesellschaft zu bestehen.

Sich selbst finden, bewahren und wandeln. Von der Identität des Menschen

Die ursprüngliche Fassung Rudolf Landau zum 75. Geburtstag

„Wer bin ich?“ Wo ein Mensch herkommt, wo er bleibt, was aus einem Menschen wird, wie ein Mensch sich auf dieser Erde im Leben findet – wohin gehöre ich? – oder den Eindruck gewinnt, sich zu verfehlen, ja: was das überhaupt ist, sich zu gewinnen oder zu verlieren – all das sind grundlegende Fragen des Menschseins. Wie schwer es ist, darauf schlüssige Antworten zu finden, drückt auch Dietrich Bonhoeffer in einem seiner bekanntesten Zitate aus: „Seltsames Fragen treibt mit mir Spott.“ Bonhoeffer gibt sich sogleich selber die Antwort, besser: er delegiert sie einer anderen Adresse: „Wer ich auch bin, Du kennst mich, Dein bin ich, o Gott!“ Wer diese Frage nicht derart delegieren kann, wird den in ihr liegenden Spott kaum ertragen – er weist ja darauf hin, dass der Mensch aus sich selbst heraus seiner selbst eben nicht gewiss werden kann. Dann aber wird so ein Mensch im Treiben dieser Frage zum Philosophen, oder er wird zusehen, ihrer ledig zu werden. Er schiebt sie weg und wendet sich den Dingen zu, die er als „real“ bezeichnet: mit denen er zurechtkommt. Das ist mit der Frage nach sich selbst offensichtlich nicht so einfach und schon gar kein Selbstläufer.

Wo, wie, wann werde ich mir selbst gleich? Kann ich der/die werden, der/die ich sein soll. „wirklich“ bin – ist überhaupt der oder die, der oder die ich sein kann, die richtige Person? Oder geht das noch irgendwie anders? Kein an sich selbst klebendes „Werde, der du bist“ (so übersetzt Nietzsche ein Wort des Dichters Pindar aus dem Griechischen), sondern ein an Gott orientierter Wandel: Lass dich verwandeln in den, zu dem er dich geschaffen hat?! Als Adam sich vor Gott verbirgt, wie die Geschichte vom Paradies es erzählt, da verbirgt er sich ja nicht nur vor Gott. Zugleich offenbart dieses Verstecken einen argen Riss des Menschen in sich selbst. Sein pures So-Sein ist nicht sein wahres Sein. Wäre der Mensch wahr, könnte er sich zeigen. Dann brauchten Adam und Eva sich auch nicht zu schämen, dass sie nackt sind. Warum schämen sie sich ihres So-Seins?

Weil sie merken, dass ein Riss durch sie geht. Ohne die Aufhebung dieses Risses können sie nicht die sein, die sie sind. Würden sie einfach nur die werden, die sie sind, dann gibt es nur den einen Weg: in dem eigenen inneren Riss zu versinken.

Das Thomas-Evangelium (Diktum 37) enthält ein in diesem Zusammenhang wichtiges Wort: „Es sprachen die Jünger: Wann wirst du uns erscheinen, und wann werden wir dich sehen? Jesus sprach: Wenn ihr euch eures Schamgefühls entledigt und eure Kleider nehmt (und) sie unter eure Füße legt wie die ganz kleinen Kinder (und) darauf tretet. Dann werdet ((ihr sehen)) den Sohn des Lebendigen und werdet euch nicht fürchten." Die Überwindung der Furcht um sich selbst und das Überwinden des Risses, der so arg durch den Menschen geht, ermöglicht erst die Wahrnehmung der wahren Identität. Davon abgesehen bleibt sie immer auf der Flucht, bildlich gesagt: sitzen wir mit oder in Adam im Gebüsch und bleiben als die, die wir sind, verborgen. Dass wir uns schämen können, ist ja immer ein Hinweis auf die Ahnung, sich aus irgendeinem Grund nicht sehen lassen zu können – was aber ist „verkehrt" an oder in uns? Dabei weist die Scham immer auf etwas hin, das wir *sind*, nicht nur auf etwas, das wir getan haben oder tun könnten. Darum reicht die Scham auch immer sehr viel tiefer als die Schuld. Schuld hat Taten im Blick, die wir getan haben oder in der Versuchung stehen, sie zu tun – Scham aber ist die unmittelbare Reaktion auf unser So-Sein und darin erkannt zu werden. Wer weiß, wer ich bin, der weiß tendenziell „alles" von mir. Weil wir das verhindern wollen, darum bedecken oder verbergen wir uns (und sei es darin, ständig unterwegs zu sein). Wir spüren das „seltsame Fragen", und wir fürchten den Spott. Die Frage nach unserer Identität erleben wir als eine gefährliche Frage. Und je unsicherer und furchtsamer wir sind, umso mehr sind wir geneigt, diese Frage zu vermeiden. Wie Adam im Busch bergen wir uns in Rollen und Mustern, die die Gesellschaft uns zur Verfügung gibt und in denen wir eintauchen in das allgemeine „ich bin okay – du bist okay" – mit der Tendenz: Wir sind nun mal so, da kann man nichts machen, alles in Ordnung. Und weil wir alle so sind, stimmt das schon. So bleiben wir, vielleicht auch in Furcht vor unserer Individualität, in unserer

Allgemeinheit hängen, die wir zugleich ebenso verdrängen wie wir uns mit ihr trösten.

Identität und Individualität sind zu unterscheiden. Individualität bezeichnet unsere Einzigkeit, die wir trotz der unleugbaren Gleichheit mit allen anderen Menschen haben – und die uns, nimmt man die Übereinstimmung der Gene in biologischer Sicht hinzu, ebenso mit den Primaten verbindet. Trotzdem ist ja der Mensch als Gattung besonders und ist der einzelne in dieser Gattung als wiederum besonderes Lebewesen auszumachen. Jeder Mensch ist ein Individuum. Das ist schon biologisch aufweisbar. Identität wiederum greift über das Biologische hinaus, sie ist etwas Geistiges, sie spricht von dem Bewusstsein, das ein Mensch von sich selbst in der Unterscheidung von allen anderen Menschen aufweist. Sie ist ein sozial-kultureller Begriff, und man kann fragen, inwiefern er spezifisch menschlich ist. Dabei sollte man m. E aber auch Tiere wie Delphine und Primaten, vielleicht auch andere, im Blick behalten: In welcher Weise haben auch sie ein Bewusstsein ihrer Identität, ihrer Besonderheit und ihres Eigenen innerhalb der Lebewesen? Wir wissen da vermutlich weniger als wir uns vorstellen können.

Identität ist im Kern ein Begriff der Gleichheit oder Selbigkeit und entspricht damit der Suche nach dem, was Bestand hat, worauf Verlass ist, was bleibt, was wiedererkennbar ist. Darin schimmert auch das auf, was wir meinen, wenn wir von Authentizität sprechen: Wir sind dann authentisch, wenn wir mit dem Bild, das wir von uns selbst haben, in der größtmöglichen Weise übereinstimmen. Mit sich selbst identisch und authentisch zu sein scheint einer der höchsten Werte für den abendländischen Menschen am Beginn des 21. Jahrhunderts. „Identität bedeutet philosophisch und mathematisch Gleichheit durch Übereinstimmung mit sich selbst.“ (J. Kunstmann) Zum einen ermöglicht das eine sichere Zuordnung und Erwartung, auf die man das Leben einrichten kann, denn: „so“ ist es – oder: „so“ bin ich. Zum anderen wird damit aber auch ein Wert aufgerichtet, dem man sich unterwirft: „so“ will (so „muss“) ich sein! Der Befreiung zu sich selbst korrespondiert also zugleich eine Einschränkung auf sich selbst.

Identität zielt damit auf das, worin Menschen ihr Leben oder ihr Umfeld wieder-erkennen – also letztlich sich selbst. Wo immer alles anders ist und nichts so kommt, wie wir es erwarten, mag das zwar auch interessant sein, es entsteht aber auch Stress dadurch, stets auf der Hut sein zu müssen und innerlich den äußeren Standort wie das innere Befinden der eigenen Person ständig neu bestimmen zu müssen. Nicht nur unser Hirn orientiert sich an Bekanntem, auch unser Herz sucht das Vertraute. Situationen von Gleichheit sorgen dafür, dass die Seele des Menschen entstressen und sich in der Welt einrichten kann, dass sie sich einfinden kann, dass sie ihrer selbst gewiss wird.

Auf Jesus sehen

Jesus hat (wie Mt 8,20/Lk 9,58 sagen) „nicht", wo er sein Haupt niederlege – das weist genau darauf hin, dass er sich nicht in dieser Welt wiederfinden kann; darum übersetzen einige Ausleger hier mit „nicht", anders etwa die neue Luther-Übersetzung, wo es „nichts" heißt. Das akzentuiert aber die Aussage völlig anders: aus einer die Identität betreffenden (ebenso subjektiven wie grundsätzlichen) Aussage von Jesus wird eine (objektivierende) über Besitzverhältnisse. Ich vermute, das ist kein Zufall. Es entspricht genau der „alten" Neigung, unter den Busch zu springen und sich selbst zu verbergen – so wie wir unsere Identität zeigen und zugleich verbergen in dem, was wir besitzen und wo wir unser Haupt hinlegen. Und das prägt letztlich das gesamte Denken und Reden. Aber hier geht es nicht darum, Irdisches zu erringen oder das Gesicht zu wahren, sondern eines Göttlichen gewahr zu werden. Es ist eine Begegnung, die uns bis in die Tiefen verwandelt.

Man kann also sagen: Jesus kann in dieser Welt, in der die (wir!) Menschen so sind, wie sie (wir) sind, seine Identität nicht zugesprochen bekommen. Er „hat nicht", womit man ihn irdisch identifizieren könnte. Da er seine Identität sich auch nicht selbst zuspricht, sondern sie im unverfügbaren Gegenüber des himmlischen

Vaters findet, ist in dieser Perspektive auch die Diskussion über das Selbstverständnis Jesu (als seiner vermeintlichen Identität) nicht nur fragwürdig, sondern grundsätzlich unangebracht. Zugleich ist zu sehen, wie er sich als der Gekreuzigte mit den Verlorenen identifizierbar macht. Jesus der Christus bekommt seine Identität vom Vater her zugesprochen, aus dem Zeugnis des Wortes der Schrift heraus, und wo Menschen ihn so erkennen, heißt es: „Fleisch und Blut haben dir das nicht offenbart, sondern mein Vater im Himmel“ (Mt 16,17). Im Bekenntnis des Christus hat niemand, wo er sein Haupt hinlegen kann, es sei denn, Gott gibt es ihm. Wirklichkeit und Wahrheit des Christus sind und bleiben unableitbar, darum sind sie auch nicht zu erklären. Wir aber meinen, wir hätten, wo und wie wir uns und unser Leben erklären und finden, und dazu dient uns sowohl unser ganzes Umfeld als in besonderem Maße auch das, was wir unser eigen zu nennen pflegen. Darin meinen wir, unsere Identität finden zu können. Bleibt man im inneren irdischen Bereich, stimmt das. Der Christusglaube aber tritt gegen diese Neigung und Methode an. Wer wir in Wahrheit, vor Gott, sind, das haben wir „nicht“ zur Verfügung. Denn diesen Ort gibt es rein innerweltlich wie innermenschlich und daraus ableitbar nicht. Darum kann der Christus „hier“ auch „nicht“ haben, wo er sein Haupt niederlege, wo er geborgen und frei ist. Wir kommen hier nicht zur Ruhe, unsere Ruhe besteht an einem anderen Ort, wo wir unser Haupt niederlegen können – in die Hände oder an der Brust Christi und im Hören auf sein Wort. Weil in der gefundenen Identität (so sie denn abschließend überhaupt möglich oder auch nur wünschenswert ist) die Suche nach dem eigenen Selbst ans Ziel und zur Ruhe kommt, ist die Glaubensidentität nur in der Ruhe zu finden, die Gott selber gewährt (Hebräer 4,9) und die sich nur in der Gottesgemeinschaft ereignet. Doch ist diese Ruhe kein Stillstand, sondern „in sich kreisendes Leben“ (J. Ringleben). Seine Ruhe hat es darin, sich am Ziel dessen zu finden, wozu Gott uns schuf. Es bleibt hier also zugleich ein irdisch uneinholbares „plus“, eine Identität, die wir hier nur in Gestalt der Verheißung unser eigen nennen können im Angeld des Geistes (Römer 8,14-17; Epheser 1,14) – und in die wir immerzu wie anfänglich aufbrechen.

Wer oder was „sagt“ mir, wer ich bin?

Von wem oder was also lasse ich mir sagen, wer ich bin? Bei uns geht es meist anders als eben von Jesus her in den Blick genommen. Denn anders empfangen und vergewissern wir uns alltäglich unserer Identität: im Spiegel der Augen der anderen, in der Vergewisserung unserer sozialen Angemessenheit, in den Symbolen des Status und der Zugehörigkeit, mit denen wir uns umgeben oder selber schmücken. Die weisen darauf hin, wer wir sind oder sein wollen. Darin erkennen wir uns und finden einen vergänglichen Frieden. Denn weil auch all diese Dinge vergänglich und wandelbar sind, muss man auf der Hut sein, die Entwicklungen nicht zu verpassen und darüber die identifizierbare Zugehörigkeit nicht zu verlieren. Von vielem heißt es bald schon: das war gestern, heute geht es anders...Der Mensch sucht aber immer auch nach Beständigem. Er befindet sich sozusagen andauernd im Wechsel von Beständigkeit und Wandel, die er beide zu brauchen scheint. Ist ihm also diese Ambivalenz in seine Identität schon eingeschrieben? Mit der Sehnsucht nach dem Beständigen schafft der Mensch sich Symbole, die ihm das Bleibende und damit das Gefühl der Geborgenheit zuspielen sollen. Was dem Kind der Teddybär, die Schmusedecke oder sonst irgendwas ist, ist den Erwachsenen anderes in vielfältiger Weise.

In seinem Roman „Die Vögel“ beschreibt Tarjei Vesaas die Sehnsucht nach derartigen Beständigkeiten: „Gedankenversunken stand er neben seiner Schlaftruhe. Von klein auf hatte Mattis in der Schlaftruhe in der Stube geschlafen – er durfte behaupten, dass er sie kannte. Und so wollte er es den Rest seines Lebens über halten, hatte er beschlossen. An der Bank waren Kerben von damals, als der junge Mattis ein Messer bekommen hatte. Auf dem rohen Holz waren auch verblasste breite Striche aus der Zeit, als er einen Bleistift bekommen hatte. Diese Striche und merkwürdigen Figuren saßen auf der Unterseite des Deckels, er betrachtete sie allabendlich beim Einschlafen, und er mochte sie, weil sie sich nicht veränderten. Sie waren, was sie sein sollten. Er konnte sich auf sie verlassen.“

Hier finden sich wesentliche Aussagen zur Identität eines Menschen! Die lange Anschauung und Gewöhnung des Umgebenden führen zu einem tiefen Eindruck, den der Mensch fast wie einen Teil seiner selbst empfindet, als seinem Leben zugehörig. Darum „kennt" Mattis die Schlaftruhe. Sie ist ihm vertraut, wie der Fuchs und der kleine Prinz einander vertraut werden in St.-Exupérys „kleinem Prinzen". Das zugehörig Vertraute soll bleiben. Und die Schlaftruhe trägt Spuren des Umgangs mit ihr: mit Messer und Stift hatte Mattis sie bearbeitet und sie so zu einem Teil seiner Individualität gemacht. Diese Spuren hat keine andere Schlaftruhe! Diese Geschichte, derer er hier immer wieder ansichtig wird, hat nur er mit dieser Schlaftruhe. Das kann ihm keiner mehr nehmen, darum konnte er „sich auf sie verlassen". So entsteht etwas wie Heimat, die Identität gibt. Dennoch bleibt auch in Mattis Welt viel Beunruhigendes und Geheimnisvolles – was ihn zur Frage führt, warum denn alles so ist, wie es ist. Und zur Identifizierung seines Lebens und seiner Person gehören auf kaum zu beschreibende Weise auch die beiden Bäume, die die Namen seiner Schwester Hege und seinen eigenen tragen. Hat das etwas zu bedeuten für sein Leben und für den Menschen, der er ist? Auch hier bleibt Identität, mitten im Versuch, sie zu erlangen und ihrer gewiss zu werden, wiederum offen. Und es bleibt der nie endende Versuch, Zusammenhänge zu erkennen oder herzustellen, in denen ein Mensch vielleicht erkennt, wer er oder sie ist; vielleicht gar, zu erkennen, warum es so ist, wie es ist. Dass wir dabei immer wieder auf Unsagbares stoßen, das „ist kein Defizit, es ist eine Erkenntnis." (J. Hermann) Der Mensch ist geneigt, die Welt, zumindest die eigene Identität, ohne Defizit innerhalb eines schlüssigen System aussagen und darstellen zu können. Doch nicht nur „Jesus Christus … ist zu groß, zu reich, zu herausragend, um ohne ständigen Blickwechsel auch nur leidlich in den Blick zu kommen. Was tut es, daß darüber ein geschlossenes Bild nicht zustande kommt? Jeder Ehemann und jede Ehefrau wissen, daß der nächste Mensch, den man am besten kennt, kein in sich geschlossenes Bild erbringt, und je besser ich ihn/sie kenne, desto weniger. Gut, eine auf ihre Systeme und deren Vollständigkeit bedachte Wissenschaft mag hier Probleme haben.

Doch es geht doch nicht um diese als solche; umgekehrt leite sie an und helfe zu einer besseren Wirklichkeitswahrnehmung. Und die ist gerade darauf bedacht, Differenzen nicht einzuebnen, weil damit plastische Realität zu einer glatten Fläche verfälscht würde." (R. Landau) Mit einem schlüssig scheinenden Identitätskonzept ist es also nicht getan, im Gegenteil, der Mensch kann darin zugrunde gehen. Er ist immer mehr als der Begriff, den wir von ihm zu finden und auszudrücken in der Lage sind.

J. W. Ironmonger beschreibt in seinem Buch „Das zufällige Leben der Azalea Lewis" deren Leben – und zwar unter der Leitfrage, ob es Zufall ist oder Geschick, ob also eine Vorsehung wirksam ist, unter der unser Leben sich ereignet. Azalea hat drei mögliche Väter, von denen sie zweien nach und nach begegnet. Mitten in Afrika in einer traumatischen Kriegssituation konfrontiert sie der Söldner John Hall, der ein Kinderbild von Azalea besitzt, mit dem Vorsingen eines Wiegenliedes, das sie zu ihrem eigenen Erschrecken mit den richtigen Worten fortsetzen kann. Sie erschreckt: „Woher weiß ich diesen Text?" Welches Wissen um uns selbst schlummert in unserem oft verborgenen Wissen – und ist es Zufall, dass es wieder aufkommt, oder folgen wir einem Weg? Das Buch findet darauf keine umfassende Antwort, es ermutigt dazu, den eigenen Weg zu erkennen und zu gehen. Zum Ende des Buches erklärt Azaleas Adoptivvater dem Zufallsforscher Thomas Post: „Azaleas Leben ist ein heilloses Durcheinander aus Widersprüchen und Zufällen und Besonderheiten. Aus Ereignissen, die nicht hätten passieren dürfen, aber trotzdem eingetreten sind. … Hören Sie auf, das alles erklären zu wollen. Versuchen Sie lieber, sich dafür zu öffnen. … Azalea kam zu Ihnen, auf der Suche nach einer Erklärung, und Sie haben sich bemüht, ihr eine zu liefern. Aber vielleicht verstehen Sie ja nicht, was hier tatsächlich vorgeht. … Was wäre, wenn Azalea gar keine Erklärung wünscht? Was …, wenn Azalea sich eigentlich Unterstützung wünscht? Oder Verständnis? … Was wäre, wenn Azalea sich nichts anderes wünscht als jemanden an ihrer Seite, mit dem sie sich gemeinsam den Überraschungen des Lebens stellen kann?" Das ist übrigens dieselbe Umkehrung, die Jesus mit dem vornimmt, der ihn in

Lukas 10,29 fragt: „Wer ist denn mein Nächster?“ Jesus beantwortet die Frage nicht, wie auch Thomas Post die Frage nach dem Sinn der Zufälle nicht beantwortet bekommt. Jesus erzählt das Beispiel vom barmherzigen Samariter, und dann fragt er den Mann: „Wer ist dem unter die Räuber Gefallenen zum Nächsten geworden?“ (Lk 10,36) und die Antwort, auf die es ankommt, ist klar: Geh und mach es auch so! (Lk 10,37) Sei du ein Nächster, einer, der da ist, der Präsenz zeigt, der den anderen versteht und unterstützt. Wer das tut, der findet seine Identität. Die theoretische Antwort ist dabei nicht einmal „die halbe Miete“.

Seine wahre Identität als Mensch Gottes findet der Mensch weder in der Unterordnung unter ein vermeintliches Schicksal noch im Jonglieren der Bälle, die der Zufall uns zuwerfe. Er findet seine Identität nicht so, sich einem ontologischen Denkmodell einzuordnen, dessen Teil er wird im Sinne eines reinen Objektes, mit dem verfahren wird. Der biblische Gott ist gespannt auf seine Menschen, er interessiert sich für sie, er nimmt Anteil an ihnen. Er liefert das fertige Drehbuch des Lebens nicht schon mit. Er will den Menschen als Subjekt, nicht als Objekt. Aber er überlässt ihn auch nicht einfach sich selbst und den Zufällen des Lebens; nicht nur, dass er uns Menschen kennt, aus seinem Zuwenden kommen wir, in sein ebenso gerechtes wie barmherziges Gericht gehen wir. Er ist ein Gott, der die Haare auf unseren Häuptern zählt und der acht auf uns hat. Er überlässt uns nicht den Zufällen. In Jesus Christus kommt er, uns aufzu-richten. Er tritt für uns ein bis in die Hingabe des Lebens Jesu am Kreuz – und reißt uns mit ins Jenseits des Todes. Das ist die Bewegung, in die es hineinzukommen gilt, in der unsere Identität als Menschen Gottes geschieht. Nicht ein statisch-ontologisches Einfügen in Feststehendes ist damit angesagt, sondern der Wandel in das, was wir für uns allein und nur von uns aus eben noch nicht sind. Ein Geschehen also ist das, was theologisch-dogmatisch nicht schöpfungstheologisch zu verankern ist (also in der Perspektive der Schöpfung), sondern eigentlich pneumatologisch (in der Perspektive des Wirkens des Heiligen Geistes). Das bedeutet aber auch, dass es hier um etwas geht, das wir nicht besitzen, sondern das wir empfangen. Unsere wahre

Identität als Menschen Gottes besitzen wir nicht, wir empfangen und bewähren sie, und nur so können wir sie „haben“. Genau darin liegt der Grundirrtum einer Haltung, die meint, wir besäßen das Leben schon. Diese Haltung gibt es abseits des Glaubens, aber sie begegnet auch „auf fromm“. In diesem Irrtum verkennen wir die Abel-Gestalt unseres Lebens, eben: dass wir „Hauch“ sind, und wir gerieren uns dann, weil wir das ja verdrängen müssen und nicht wahrhaben wollen, nach dem Kains-Muster als Gewaltige (also solche, die den Glauben nicht nötig hätten wie als solche, die auch noch ihren Glauben im Griff hätten). Doch niemand ist so gewaltig, denn keiner besitzt sein Leben (und auch seinen Glauben nicht) wie selbstverständlich. Wir empfangen es, empfangen uns, immer neu. Und in der Identität eines Menschen Gottes empfangen wir uns nach dem Maß und in der Gestalt Christi. Er ist der Mensch Gottes, uns gegeben als Gabe und als Maß, als Sakrament und als Bild wie Beispiel.

Vom Haupt und den Gliedern

Glauben wie Leben sind kein objektivierbarer, festzuhaltender Besitz. Sie sind nur so lebendig, dass Menschen in den Fluss des Empfangens und Teilens, also Gebens und Loslassens, eintreten. Das wird von uns Menschen oft anders wahrgenommen, weil wir gefühlt immer schon in unserem Leben anwesend sind. Wenn wir nicht gerade schlimmer krank werden oder traumatische Ereignisse erleben, unterstellen wir dem Leben eine selbstverständliche Stabilität, die es nicht hat, und verkennen seinen Charakter sowohl als Wunder wie als Gabe, die es mit jedem Tag und Atemzug neu zu empfangen gilt. Wir nehmen uns selbst und unser Leben als selbstverständlich. Damit fängt unser Irrtum schon an. Denn es ist keinesfalls selbstverständlich, dass wir sind. Helmut Gollwitzer trennt unser (Da-)Sein von unserem Willen: „zuerst sind wir einmal hier auf der Erde und dann überlegen wir uns, wozu eigentlich, ergreifen irgendeinen Beruf und wollen dies oder das; unser Leben und unser Wollen sind zwei sehr verschiedene Dinge“, und eben damit unterscheiden wir uns von Jesus: sein ganzes

Leben folgt dem Auftrag der Hingabe an die Verlorenen, an die Gottlosen, die wir *alle* sind. „Bei Jesus ist das nicht die Frage", die für uns wesentliche Fragen sind nach unserer Identität, Funktionalität, Selbstverständnis, Persönlichkeit usw. Die Christologie der letzten zwei Jahrhunderte hat immer wieder mit diesen Begriffen sogar Ihn verstehen wollen – und griff ins Leere, musste ins Leere greifen, weil Jesus ganz anders zu stehen kommt: als der, in dem Gott alles „auf die anderen gerichtet hat". Genauso greift man ins Leere, wenn man Kern oder Profil des Pfarrberufes von dessen eigenen Identitäten, Funktionen, Persönlichkeiten usw. zu bestimmen versucht. Denn all das ist im Wesentlichen nicht seine Frage noch sein Auftrag, sondern es geht darum, wie wir Zeuginnen und Zeugen des Evangeliums werden.

Wir aber nehmen so oft unser Leben gar nicht wirklich an, sondern betrachten es als eine Art Besitz, der uns zusteht – und den Glauben sehen wir wie ein Theoriekonzept als geistigen Überbau zum uns gehörenden Leben. Wir gerieren uns als die vermeintlich eigenen Schöpfer ihres Lebens wie als die Konstrukteure unseres eigenen Glaubens. Doch unser Leben empfangen wir vom Schöpfer, ihn erkennen tun wir im Glauben an und Vertrauen auf den Christus. Weder Leben noch Glauben sind unser Besitz, sondern Gabe, die wir empfangen und teilen. Analog kann man auch die eigene Konfession als eine Art Besitz „verbuchen" und sich der lebendigen Wirklichkeit des Glaubens, der nur als empfangenes Geschenk und in Zeugnis und Liebe geteilt unser Glaube bleiben kann, verschließen. Nach den Anfechtungen in der Zeit des Dritten Reiches, die Christen auch wegen des äußeren Drucks zusammengeführt haben, beobachtet Hans Iwand ein Nachlassen in die „Normalisierung" und Zivilisierung des Glaubens hinein. Zu Epheser 4,15-16 schreibt er im Mai 1954: „Wo das Haupt aber nicht mehr das Haupt ist, da muß der Zerfall eintreten, da muß ein Glied wider das andere sein, da muß sich jedes Stück am Leibe schließlich selbst als die Hauptsache fühlen. Und so kommt es denn zum großen Zerfall, zur Zersplitterung der Christenheit, trotz aller Bemühungen um die Einheit, so kommt es dahin, daß nun menschliche Namen und Häupter zur Parole werden, um die man sich sammelt, ob das Luther ist oder Calvin, ob es Wesley ist oder Zinzendorf, ob es Rom ist oder Canterbury, Namen von Menschen und Namen von Reichen oder Städten – sie alle sind nicht der eine Name des einen Hauptes. … Kaum war die Bedrängnis vorbei, da hörten wir auf, eins zu sein, im Glauben, in der Liebe und in der Hoffnung. Wir hörten auf, eins zu sein als Brüder und Glieder des Auferstandenen. Wir hörten auf, uns als Bürger jenes Reiches zu wissen, das der Tod nicht überwinden kann. Vergaßen unsere himmlische Bürgerschaft, um zunächst einmal wieder den Standort zu suchen, in unserer irdischen Heimat, insbesondere, wie man so sagte, in unserer irdisch-kirchlichen Heimat. Und nun fingen wir an zu überlegen, wie man wohl aus vielen Konfessionen eine Kirche schaffen könne, was man wegtun und was man hinzutun könnte, nicht mehr das eine Haupt, sondern die eine Lehre trat an die Stelle, von der aus die Kirche als Einheit zusammengehalten werden sollte, aber jede der verschiedenen Kirchen meinte, ihre Lehre an diese Stelle setzen zu müssen. Hier aber lesen wir es ganz deutlich geschrieben, daß *der ganze Leib zusammengehalten wird,* daß der ganze Leib sein Wachstum und seine Ordnung bis in die einzelnen Glieder darin hat, daß das eine Haupt da ist und daß man nicht an die Stelle des einen unsichtbaren Hauptes andere sichtbare, stellvertretende Häupter oder Behauptungen stellen kann.“ Abschließend weist Iwand darauf hin, „daß das Wachstum und die Einheit des Leibes nicht eine Funktion des Leibes ist, sondern des Hauptes, das über dem Leib steht, von dem der Leib her lebt und ist und nachgezogen wird, dahin, wo das Haupt bereits regiert und lebt in Ewigkeit.“ Wo aber das Haupt nicht mehr als Haupt da ist und nicht geglaubt wird, da hat man auch nicht, von woher man empfangen könnte. Darum muss man dann selber machen. Dann hat man aber auch nicht mehr Anteil an der vom Haupt empfangenen Identität als dessen Glied, sondern muss sich zuletzt wie sein eigenes Haupt darstellen.

Wir sind aber nicht das Haupt, und ohne das Haupt, das den Tod überwunden hat, sind wir dann noch im Tod, der immer mitläuft, den wir nicht leugnen können aber doch meist nicht wahrhaben wollen. Ihm müssen wir unser Leben beständig abringen, so wir es nicht empfangen vom lebendigen Haupt. Und ähnlich „feindlich" betrachten wir dann die Gefahren des Lebens – wobei gerade sie uns Hinweise geben könnten, wie das Leben zu empfangen ist, z. B. in Solidarität mit anderem Leben und in Nächstenliebe. Dem verschließen wir uns aber zugleich mit der Entscheidung, unser Leben nicht zu empfangen, sondern es als Besitz anzusehen. (Hier liegt sicher auch einer der Gründe dafür, wie schwer wir uns mit der durch Corona hervorgerufenen – oder: nur anschaulich gemachten? – Krise tun.) Sind wir die, die im Leben Christi sind – oder sind wir noch im Tod? Stirbst du noch – oder glaubst du schon?

Selbstheit und Andersheit

Menschen können über die überraschende oder gewohnte Gleichheit in ihrem Leben erschrecken, über die Erwartungen und Muster, die sie in ihrer Seele eingezeichnet finden. In ihrer Selbigkeit stehen sie sich mitunter selbst im Wege, Neues zu wagen oder sich ihm zu stellen, sich zu verändern oder sich wandeln zu lassen. Zugleich erleben sie fast so etwas wie einen Sog der Vertrautheit, der sie anzieht oder festhält. Während das Erschrecken sie weitergehen lassen will, hält dieser Sog sie zurück. So erzählte mir eine Frau, dass sie nach ihrem Umzug in den Nachbarort, der mit einer Heirat verbunden gewesen sein mag, in den ersten Jahren mindestens einmal pro Woche in ihren Heimatort zurückkehren musste. Sie spürte diesen Sog.

Will der Mensch sich selbst finden und sich selbst wiedererkennbar gleich sein oder bleiben, damit seine Seele „still" wird und zur Ruhe kommt? Sucht er ein stabiles, verlässliches Umfeld? Kann er überhaupt (nur) in sich selbst eine Stabilität, eine bleibende Selbigkeit finden, oder ist er nicht schon durch die Bedingungen seines Lebens in einen Wandel von Werden und Vergehen unabdingbar hineingestellt? Ebenso die Welt um ihn: sie bleibt sich selbst nicht gleich, heutzutage weniger denn je. Kann er also weder in sich selbst noch in seinem Umfeld die Ruhe und Gewissheit finden, die klare Identität, nach der er verlangt? Diese Situation, die ihm bedeutet: Ja, so stimmt es – und das und so bist du!?

Das mag ja das Gefühl sein, das den Petrus ergriff, als er nach der Erzählung des Evangeliums auf dem Berg der Verklärung sagte: „Hier ist für uns gut sein, hier lasst uns Hütten bauen!“ (Mk 9,5 parr.) Wo für uns gut sein ist, wo wir den Eindruck gewinnen: hier stimmt unser Leben, da wollen wir bleiben. Aber in der Geschichte mit Jesus kommt es gar nicht so weit, noch bevor Petrus, Jakobus und Johannes Hand anlegen können zum Hüttenbau für Jesus, Mose und Elia, ist die Gottesstimme schon wieder verklungen und befinden sich die drei Jünger mit Jesus auf dem Weg hinab vom Berg in die Niederungen des Alltags. In der wohl nicht zufällig anschließenden Geschichte von der Heilung eines Jungen begegnet dann auch nicht die selige Ruhe im Glauben eingedenk der Erlebnisse auf der Höhe, sondern der Vater des Jungen, der in höchster innerer Erregung von sich gibt: „Ich glaube, hilf meinem Unglauben!“ (Mk 9,24) Auch im Glauben scheint der natürliche Mensch sich seiner selbst nicht sicher zu sein. Nicht mal im Glauben kann der Mensch, was er zugleich gerne will. Drohen so auch unsere in der Höhenbegeisterung geplanten Hütten für die Anstifter und Zeugen des Glaubens immer wieder nur krumm und schief zu werden?

Nicht unser eigenes Selbstsein noch all das, was wir für unsere Identität zu halten vermögen, verhilft uns zum Heil- und Ganzwerden, sondern das Handeln Jesu, das uns zum Glauben provoziert, das ihn an und in uns hervorruft, wie er Lazarus aus dem Grab ruft. Mögen wir noch so viel Sehnsucht nach Glauben in uns haben – die Gewissheit des Glaubens bleibt uns unverfügbar und allein Gottes Gabe.

Von Jörg Zink nahm ich die Bekundung wahr, dass der Glaube an Gott sein Leben begleite und er an Gott irgendwie nie wirklich gezweifelt habe. Da ist eine Gewissheit, die er einmal in die Worte fasst: „Hier auf der Erde stehe ich. Du bist um mich. Das ist gut." Der Mystiker scheint den Glauben also in sich finden zu können, in dem, was auch Welt und Menschsein in ihm hervorrufen; Schöpfung und Gott setzt aber auch Zink dabei nicht gleich. So eine Grundgewissheit ist nicht allen Menschen gegeben, und man muss genauer fragen, worin sie denn eigentlich besteht und auf welche Wege sie einen führt. Und der Zweifel an Gott schwingt durch die gesamte Menschengeschichte, ihn anzugehen reicht nicht die gefühlte Gewissheit. Spürbare Ungerechtigkeiten und vielfaches Leid stürzen uns Menschen zum einen in abgründige existenzielle Zweifel, die sich aber doch wohl wesentlich von dem unterscheiden, was der frustrierte Wohlstandsmensch unserer Tage und Region in der Regel als „Anfechtung" vorzubringen weiß und was oft nur dazu dient, sich der wirklichen Auseinandersetzung zu entziehen. Distanzierte Gedankengänge und unentschlossene Rechthabereien lösen hier gar nichts, in ihnen setzen wir uns nur selbst fest und (ver-)enden in unglückseliger Skepsis.

Zudem: Die moderne Wissenschaft hat diesen Zweifel, mehr noch: diese Gottlosigkeit der Welt zum Prinzip erhoben, weil ER sich ihrer distanzierenden Erkenntnismethode verweigert. Gott und Mensch hängen wohl so sehr ineinander, dass der Mensch sich nicht folgenlos von ihm lossagen kann. Die Gotteswunde bleibt, auch wenn der Mensch sie zu verbergen sucht, im Geheimnis seines Herkommens wie Hingehens – und darin, sein Leben täglich zu empfangen und zu teilen. Der Mensch will sich selbst haben, doch es gelingt nicht.

Und beiden, den Gott Gewissen und den Gott Ungewissen oder gar schier Ablehnenden, ist doch im Evangelium gesagt, dass sie Geschöpfe Gottes sind und geschaffen zu seinem Bild. (Ich meine hier das in der ganzen Bibel laut werdende Evangelium, nicht erst im Neuen Testament, das ohne das Erste oder Alte doch wie in der Luft hängt. Wie etwa Ingo Klaer das beschreibt: „... das Alte Testament bezeugt selber schon gegenwärtige Erfüllung, auch wenn sie dann zum Impuls für eine noch größere Hoffnung wird. Betont man einseitig die eschatologische Qualität der Auferstehung Jesu, so scheint zwischen ihr und jenen anderen alttestamentlichen Gottestaten ein qualitativer

Sprung zu liegen; sie können dann nur hinweisende Zeichen sein. Viel näher rücken sie für uns zusammen, wenn wir in ihnen denselben Grundzug von Gottes Tun entdecken, der immer irgendwie ein Erretten, Lebendigmachen, Fruchtbarmachen, Auferwecken ist.“) Und über alle Menschen lässt Gott regnen und die Sonne scheinen, gute und böse, gerechte und ungerechte. Dieser Universalismus ist auch von den Sektierern sämtlicher Couleur, die immer nur sich selbst als die Guten und Gerechten erkennen, nicht zerstörbar, und er durchzieht die biblische Botschaft nicht nur von Anfang bis Ende, er ist fundiert in ihrem Zentrum, dem Wort vom Kreuz, denn dort tritt Gott selber ein in alle Verlorenheit. Also nicht sich selber gleich in seiner Verlorenheit von und vor Gott soll der Mensch sein, sondern Gott gleich (in seiner Barmherzigkeit, Lk. 6,36) und je seinen Platz soll ein Mensch in dieser universalen Sicht erlangen. Es geht im Leben immer um mehr als um uns selbst. Dazu Martha Nussbaum: Mit ihr mache ich eine Anleihe bei einem jüdischen Rabbi, beim amerikanischen Rabbiner Arnold Jacob Wolf; der unterrichtete Kinder im jüdischen Glauben. Zu ihnen soll er immer wieder gesagt haben:
„Es geht nicht um euch.“ Zugleich weiß man, dass Wolf sehr oft auch diesen Satz sagte: „Es geht immer um euer Leben.“ Mich hat das an die alte Geschichte von dem Menschen erinnert, der links und rechts in den Hosentaschen je einen Zettel bei sich trug. Auf dem einen stand: „Du bist Staub und Asche.“ Auf dem anderen: „Um deinetwillen ist die Welt gemacht.“ Wie soll man beides vereinbaren? Die Philosophin Martha Nussbaum schlägt vor, es in dieser Erkenntnis zu tun: „In einem höheren Sinne geht unser eigenes Leben nicht um uns selbst.“ Christlich formuliert findet sich das u. a. bei Gerhard Sauter, der mit Blick oder im Hören auf die Passionsmusiken Bachs feststellt: „Hier begegnet uns eine Gestalt jenseits unserer Befindlichkeiten, deren Sterben und Tod uns umfängt, die uns von vielem löst, uns abnimmt, was uns auf uns selbst zurückwirft, die sogar uns selbervergessen werden lässt und uns zu sich ruft, dorthin, wo wir empfangen, was \`außerhalb unserer selbst in Christus ist´ (Luther).“

Die wahre Identität eines Menschen Gottes zeichnet sich demnach dadurch aus, dass sie nicht an sich selbst klebt, sondern sich auf ein anderes richtet, ohne sich dabei selbst zu verlieren. Das ist das Paradox, das schon Jesus benennt, wenn er davon spricht, dass der, der sein Leben gewinnen will, es verliert – weil er dabei nämlich auf sich selbst bezogen bleibt, dass aber nur der sein Leben finden kann, der es, in traditionell religiöser Sprache gesagt, transzendiert. Anders: der über sich selbst hinausgeht. Kein Mensch kann sich nur in sich selbst finden, das macht schlicht unselig. Die Seele des Menschen ist darin lebendig, zu empfangen und zu teilen, zu bekommen und zu schenken, aufzunehmen und zu geben. Das zu starke Hervorheben, ja Beschwören von Identität als des Eigenen riskiert das verhaftet- Bleiben im Eigenen, den ständigen Rückfall nur in sich selbst. Damit aber entnimmt sich der Mensch dem erkannten biblischen Universalismus, er entnimmt sich Gottes, er zentriert sich nur selbst. Damit aber wendet er sich nicht nur gegen das Leben, sondern zugleich auch gegen sich selbst, weil er so sein wahres Sein verleugnet. Aus dem Menschen Gottes wird so ein selbstgefälliger Mensch. Weil er sein Leben behalten, vielleicht gar optimieren will, wird er es verlieren (vgl. Mt 10,39; Joh 12,25). In der Jesus-Geschichte spiegelt sich das u. a. darin, dass Nazareth sich nicht als Jesu Heimat erweist und seine natürliche Familie nicht als seine Familie – seine Heimat ist das irdisch-himmlische Jerusalem und seine Familie sind die, die den Willen tun seines Vaters im Himmel (Lk 4,16.30; Mk 3,21; 6,4; Joh 4,44; 2,16 vgl. Lk 2,49; Mt 12,48-50, Joh 5,41.44;
12,23-28; ein Hinweis von K. Adloff).

Es geht nicht darum, ob uns das Evangelium schon immer vertraut war oder ob es „die große Entdeckung“ unseres Lebens ist, die unser Leben verwandelt. Gottes Wort, ins Herz gefallen, „stimmt uns um“, lässt uns neue Lieder anstimmen, richtet uns neu und anders aus, als wir es „normal“ gewohnt sind, stellt uns in den „Atemraum Christi“ (M. Trowitzsch). Ich muss nun nicht mehr atemlos werden. „Einverleibt“ in den Leib und die Wahrheit Christi muss ich nicht mehr um mich fürchten, denn er lebt in mir und ich in ihm. Ich muss nicht an mir und in mir selbst ersticken. Aufatmen darf ich in dem, der mich

in sich, dem Auferstandenen, aufrichtet. (M. Trowitzsch)
Wie wir dazu kamen, ist sekundär. Wichtig ist nur, hineinzukommen in die neue Identität als Menschen, die Christus in sich aufrichtet. Und das auch dann, wenn Mächte in dieser Welt und wenn der Tod uns niederdrückt. So kleben wir nun nicht mehr an uns selbst, sondern wir sind Glieder seines Leibes und verbunden mit ihm und den anderen Seinen. Mit ihnen sollen wir durchweht sein von dem Geist, der vom Vater ausgeht und den der Sohn uns gibt.

Identität in Christus, nicht in uns selbst

So haben weder wir für uns selbst allein noch als Gemeinschaft des Glaubens unsere Identität in uns selbst. Als Christinnen und Christen haben wir unsere Identität „allein in dem, der aus der Mitte des Volkes Israel die Hoffnung der Völker auf Heilung von ihrer Schuld zu tragen vermag (Röm 15,8-13; Gal 2,20; Eph 2,19f.).“ (K. Adloff) Identität als der Versuch, sich auf das Eigene nicht nur zu beschränken, sondern es zu definieren, zu gewinnen, festzuhalten, droht immer der Logik des Todes zu folgen, dem man stets das sich Identische abzuringen versucht (und es doch nicht – und keinesfalls auf Dauer – kann), und damit verweigert man die Logik des Lebens. Die Sorge vertreibt dann Dankbarkeit und Freude. Die Sorge kämpft an gegen die Grenzen des eigenen Lebens. Jedoch: „Die Logik des Lebens rechnet mit dem unermesslichen (`überfließend´) Überfluss des Schöpfers.“ (K. Adloff)

Die Definition von Identität, also eines unverwechselbaren So-Seins, ist der Versuch, sich oder andere, denen man Identität zuschreibt, in den Griff zu bekommen und berechenbar zu machen: „Ich weiß, wie und wer ich bin; ich weiß, wer und wie `die´ sind.“ Ich weiß, was ich zu erwarten habe. Entwicklungs- und Veränderungsmöglichkeiten werden dadurch abgebunden, der Mensch verweist sich selbst und andere in eine angeblich feststehende Identität. Welche schrecklichen Folgen das haben kann, zeigen nicht nur individuelle Lebensläufe und familiäre Situationen, sondern auch Nazismus, Faschismus, Sexismus,

Rassismus/Kolonialismus und Klassenideologie. Sie alle pressen Menschen in fragwürdige Identitäten, mit denen man dann meint, sich über sie erheben oder gar sie aus einem gemeinsamen Menschsein ausgrenzen zu können. Die angeblich bessere Eigenidentität als die der anderen dient dann irrigerweise dazu, die eigenen Interessen rücksichtslos gegen diese anderen durchsetzen zu können.

Im allgemeinen sind Identitätskonstrukte heute beliebt und sehen es viele Menschen als Lebensaufgabe an, ihre Identität zu finden und zu verwirklichen. Spüren sie darin ein Gelingen, empfinden sie sich als „authentisch". Gegen die Gefahr der Überfremdung und Fremdbestimmung ist das durchaus ein angemessenes Ziel. Man muss aber sehen, dass Identität als Inbegriff von Lebenssinn und zu behauptendem Eigensein ebenso ins Lebensabträgliche umschlagen kann, wenn sie absolutiert wird. Georg Picht drückt das so aus: „Identität ist die Signatur des Bösen. Sie ist das Unwahre, das in Gestalt von Wahrheit auftritt." Warum ist sie unwahr? Weil sie sich, meist mit begründendem Bezug auf eine Vergangenheit, in der Gegenwart festsetzt und sich sowohl abgrenzt gegen andere, die sie doch zum Leben nötig hat als auch gegen eine Zukunft, in die hinein sie ihr Leben nur finden kann. Identität droht in diesem Sinn zu einer lebensfeindlichen Selbstbeschränkung zu werden, motiviert aus Selbstsorge und Angst (sich zu riskieren, zu wandeln, zu verlieren). Sie ist Reduzierung von Wirklichkeit auf das, was mir oder einem sozialen System als erträglich oder wünschbar erscheint. Alles andere wird ausgegrenzt.

Derlei Identitätskonstrukte bewegen sich innerhalb des rein Menschlichen – und eignen insofern auch den Glaubenden, insofern ja auch sie natürliche Menschen sind. Aber eben nicht nur! Ihre Vernunft wird durch das Wirken des Geistes verwandelt: ihre Identität ist keine Definition in Unterscheidung von der Welt und den anderen, sondern eine, die sie zu ihnen in Beziehung setzt. Christian Link sagt es so: „Der Geist erneuert die Vernunft, indem er sie auf das Gesetz Christi (Gal 6,2) verpflichtet, d. h. ihre Vernünftigkeit an die Bedingung des συμπασχειν, der Wahrnehmung der Verantwortung für die leidende, unversöhnte Welt bindet. Ihr Subjekt ist das in die leidende Welt hineingebundene, nicht das aus ihr sich herausreflektierende Ich. Es wird weder durch das vorgängige Wissen um eine Zweck-Mittel-Relation noch durch die gewußte oder wißbare Antizipation eines göttlichen Zieles konstituiert, sondern gewinnt seine Vernünftigkeit, indem es sich den naturwüchsigen wie den geschichtlich gewordenen Ordnungen der Welt prüfend aussetzt (δοκυμαζειν, Phil. 1,10). Was nämlich `der gute und vollkommene Gotteswille´ (Röm 12,2) `ist´, ist uns durch keine Offenbarung gegeben: Es gilt zu *prüfen,* worin er unter den Bedingungen dieser Welt besteht. Solches Prüfen macht die λογικη λατρεια (Röm 12,1) der durch den Geist erneuerten Vernunft aus."

Für den Glaubenden aber bleibt der Bezug zur Universalität in der biblischen Anthropologie grundlegend – und er gewinnt Vorrang vor der ihn in seiner Identität von den anderen unterscheidenden und heraushebenden Individualitäten. Er gewinnt ja auch seine Identität nicht aus sich selbst heraus, sondern in der Zugehörigkeit und Verbindung zu Christus. In dem biblischen Universalismus ist die Erkenntnis enthalten, dass wir – bei allen Unterschieden, die es ja tatsächlich gibt – in dieser Perspektive aber doch dieselben Menschen sind. Und das in zweifacher Weise:

Einmal sind wir alle verschlossen unter die Identitätszuschreibung durch das Gesetz, die Sünde und den Tod. Hans Joachim Iwand formuliert, ausgehend von 1. Korinther 15,54-58: Paulus „stellt uns den Dreibund dieser M ä c h t e vor Augen, den kein einzelner, den wir aber auch nicht als Gesamtheit, als Masse, werden brechen können. Wir sind angesichts seiner vielmehr eben das, was seit Augustin zum Schlagwort geworden ist: eine massa perditionis." Eine verlorene Masse, die notwendig der Verdammnis anheim fällt.

„A l l e drei Riegel sind unbeweglich. Und in diesem Gefängnis sind wir a l l e beschlossen. Hier fallen a l l e Unterschiede weg, mag der eine weniger bedrängt und betroffen sein als der andere, es sind nur relative, keine absoluten Differenzen." In dieser Hinsicht sind wir alle dieselben Menschen.

Dann aber kommt in diese dunkle Identifizierung, die an uns vorgenommen wird, Bewegung. In die oben beschriebene Situation fällt ein helles Licht. Iwand sagt in einer Predigt zu Galater 2,15-21:
„Es ist ein helles Licht von draußen über uns alle gefallen, und in diesem Lichte haben wir gesehen, daß wir alle gleich sind, Gute und Böse, Juden und Heiden! Daß diese Unterschiede unter uns Bedeutung haben mögen, für die menschliche Gerichtsbarkeit, aber nicht für die göttliche Gerechtigkeit. Wo die erscheint – und sie ist eben erschienen in Jesus Christus – da gibt es keinen Unterschied. Da sind wir allzumal Sünder. Da zeigt sich, daß wir alle vor Gott nicht eines bringen können. Und nun geht Paulus noch einen Schritt weiter und sagt es so hart, wir sonst selten wieder: *`Ich bin durch das Gesetz dem Gesetz gestorben. Ich bin mit Christus gekreuzigt.´* Es gibt im Christentum einen Punkt, da kann man nicht mehr objektiv reden, da muß man – gerade um der Sache willen – subjektiv reden. Da muß man sagen, wie es um uns steht." Und da sind wir bei der „geheimnisvolle(n) Größe, die wir *Ich* nennen." Und wenn das Gesetz kommt, mich anzuklagen, dann kann ich – nach Luther – antworten: „NN ist nicht hier! NN ist tot! Hier – in der Mitte meiner selbst, wo du mein Ich vermutest, da lebt *Christus*! Setze dich mit ihm auseinander. Er deckt mich! Wie es im Psalm heißt: Unter dem Schatten deiner Flügel habe ich Zuflucht! Und jetzt erst wird es dem Apostel geschenkt, … vom … Christenstande so zu sprechen, daß … niemand es besser sagen noch beschreiben konnte, was es heißt, Christ zu sein. *`Nun aber lebe nicht mehr ich, sondern Christus lebt in mir.´*" Damit ist nichts anderes festgestellt, ja begründet, als eine andere, neue Identität. Wer ich bin, das lässt sich nun nicht mehr sagen ohne Jesus Christus. Das auf sich selbst isolierte und fixierte Ich ist vorüber. „Dieses *Ich*, dieses stolze, gute, auf sich selbst gegründete, dieses im Gesetz so sichere, seiner selbst sichere Ich muß sterben! Ihm ist in Jesus Christus die Axt an die

Wurzel gelegt. Vor seinem Kreuz kann dieses Ich nicht leben!"
Diese beiden Perspektiven hängen ineinander. Christus erleidet den Tod des selbstbezogenen Ich, doch nicht, um den Menschen zu vernichten, sondern um die Konsequenz des Todes im nur selbstbezogenen Leben auf sich zu ziehen und zu überwinden in seiner Auferweckung von den Toten. Mit seiner Auferweckung zieht er uns selber mit in das neue Leben, richtet uns auf in unsere neue Identität als Menschen Gottes. Und da die nicht voneinander zu lösenden Vorgänge von Karfreitag und Ostern nach dem biblischen Zeugnis kosmische Bedeutung haben, geht es hier nicht nur um individuelle Glaubensvorstellungen. Es geht um den Weg Gottes mit seiner Schöpfung, mit den Menschen, um die Konsequenz seiner Liebe und die Durchsetzung seiner Gerechtigkeit: dass er seine Menschheit nicht aufgibt, sondern sie hinwendet in die Wirklichkeit der neuen Schöpfung. Dass der Ort des Menschen bei Gott ist und sein Leben eines, das vor und mit Gott geschieht, dem es sich verdankt und auf den es zuläuft: das ist die wesentliche Aussage über die Identität des Menschen. Der bist du: ein Mensch Gottes. Das steht fest im heiligen Evangelium. Das darfst du dir sagen lassen, das und der bzw. die darfst du sein.
Der ist von der Suche und dem ständigen Kreisen um die eigene Identität befreit, der lernt zu beten: „Dein Reich komme, dein Name werde geheiligt, dein Wille geschehe, wie im Himmel, so auf Erden." – „und in solchem Beten werden auch wir wahr!" (R. Landau) Wir werden darin wahr als Menschen Gottes. Das ist die Identität der Glaubenden. Ich bin in diesem Leben mit mir und den Menschen nicht allein. „Christus Jesus ist hier, der gestorben ist, ja mehr noch, der auferweckt ist, der zur Rechten Gottes ist und für uns eintritt." (Römer 8,34) Wen oder was braucht es mehr? Nichts und niemand. Christus allein. Ich wage zu behaupten: Damit hat sich die Frage nach unserer Identität schlicht und ergreifend – nein, nicht einfach erledigt, aber überholt. Es gibt Wichtigeres: in Christus zu sein.

Glauben und Kirche wagen in ungewisse Zukunft hinein

Zukunft ist das, was keiner in Händen hat. Der Rede von ihr geht es wie dem Versuch, den Horizont zu erreichen. Es ist auch mit noch so großen Schritten nicht möglich. Und so weiß auch niemand, wie die Zukunft aussehen wird – und was dann entsprechend zu diesem Aussehen bewahrt werden soll. Uns fehlt die Einsicht in das, was dann überraschend neu sein wird. Darum lässt sich die Zukunft auch nicht wirklich planen. Ich kann mir vieles vornehmen, aber was ich morgen mache, das weiß ich nicht. Prognosen kann ich wagen, Vorbereitungen treffen, Ziele verfolgen. Handeln kann ich aber immer nur heute. Es ist uns nicht möglich, uns selbst in die Zukunft zu versetzen. Auch wenn sie uns keinesfalls egal sein kann: Wir haben sie nicht machbar in unserer Hand. Trotzdem haben wir sie zu bedenken und vorzubereiten. Aus dieser Spannung kommen wir nicht heraus.

Die Zukunft steht auch nicht nur bei denen, die sie für sich suchen. Sie steht bei dem, auf dessen Stimme sie als Ruf in ihre Zukunft hören. Im alten Israel steht dafür das Bekenntnis aus Deuteronomium (5. Mose) 6,4, das „Höre, Israel". Dass man es als Glaubensbekenntnis Israels bezeichnete, öffnet die Tür zu dem Missverständnis, es wäre so etwas wie ein Selbstverständnis und eine Deutung. Vielmehr aber geht es um das Fremdverständnis, das der biblische Gott für sein Volk hat (und in das hinein er seine Menschen ruft) und für eine Deutung in diesem Sinne und nicht eine Selbstdeutung. Das sind notwendige Differenzierungen, die aber viel zu wenig beachtet werden. Welcher Ruf also begründet Dasein und Weg des Gottesvolkes? Das ist die wesentliche Frage. Und für die Zukunft mitentscheidend sind auch die Menschen und die von ihnen gestalteten sozialen Bedingungen, unter denen das Volk Gottes seinen Weg geht.

So nützt es nichts, mir die Kirche von morgen zu träumen. Denn auch sie wird aus dem, was wir heute als Kirche leben. Und dann kommt das dazu, was heute keiner weiß. Aus dieser Einsicht kommt schon das biblische Wort: „Wohlan nun, die ihr sagt: Heute oder morgen wollen wir in die oder die Stadt gehen und wollen ein Jahr dort zubringen und Handel treiben und Gewinn machen – und wisst nicht, was morgen sein wird. Was ist euer Leben? Dunst seid ihr, der eine kleine Zeit bleibt und dann verschwindet. Dagegen solltet ihr sagen: Wenn der Herr will, werden wir leben und dies oder das tun. Nun aber rühmt ihr euch in eurem Übermut. All solches Rühmen ist böse." (Jakobus 4,13- 16)

Es ginge dann alles darum, die Zukunft in den Blick zu nehmen, ohne sich an ihr zu vergreifen und sich selbst als ihren Macher zu gerieren. Denn die wirkliche Zukunft zeigt sich weder in Prognosen, die uns erschüttern noch in Plänen, in denen wir uns selbst übersteigen. So gilt es nicht nur nach vorne zu sehen in die vermeintliche Zukunft, sondern immer auf unser Heute und auf uns selbst, wer wir denn sind und wozu wir bereit sind und was wir vermögen. Wie sieht es aus mit diesem „Blick zurück" in all unseren Planungen? Und welchen Ruf ins Morgen vernehmen wir?

Und noch eines sollte man ansehen: den bisherigen Weg und die Fragen, woher wir denn kommen als Kirchen und Gemeinden. Was hat uns geprägt, was war uns wichtig, wie und worin haben wir gelebt, welche Wege sind wir gegangen? Das gehört mit dazu, sich selbst in den Blick zu nehmen. Wer das heute nicht tut, der steht für sein Morgen auf brüchigen Stelzen.

Das Stichwort des Bruchs charakterisiert einen Großteil heutiger kirchlicher Wirklichkeit. Sie ist eine Wirklichkeit im spürbaren Bruch mit dem, was war, und zu dem, was als selbstverständlich galt. Zu einer Kirche gehören, die Kinder taufen, ein Mindestmaß an religiöser Erziehung zu versuchen, die Kinder konfirmieren, am Beginn einer Ehe sich kirchlich trauen lassen, am Ende des Lebens die kirchliche Bestattung – das alles schien so selbstverständlich und fest noch bis vor ein, zwei Generationen. Mehr und mehr Menschen erachten das alles heute als nicht mehr nötig. Und diesem schon länger zu beobachtenden Traditionsabbruch folgt nun ein weiterer: der Bruch mit der Kirche, mit der Mitgliedschaft in ihr. Die Eltern der heute Austretenden sagten schon oft genug von sich, dass ihnen die Kirche fremd sei, dass sie da doch nicht sagen können, was sie eigentlich noch hält – aber sie traten nicht aus. Ihre Kinder tun es, und das in einem

Ausmaß, das den Fortbestand des bisherigen Kirchenwesens in Frage stellt. Was also wird aus unseren Landeskirchen und ihren Gemeinden werden?

Die Frage steht unüberhörbar im Raum derer, die etwas mit Kirche verbinden und denen der Glaube wertvoll ist (die meisten anderen haben oft das Interesse an ihr schon verloren). Trotzdem gilt es zu unterscheiden. Kirche und Glaube sind nicht dasselbe. Und die Kirche war über Jahrhunderte bei uns eine Institution, die nicht nur im Glauben wurzelte, sondern im politischen System und von dessen Funktionen und Formen abhing. Doch auch die Zusammenhänge, in denen sich dieses verwirklichte, sind Teil des Bruchs, den wir heute erleben.

Einstürzende Brücken

Tolstoi erzählt in seinem Roman Anna Karenina von deren Ehemann Alexej Alexandrowitsch. Der bemerkte, dass seine Frau sich einem anderen zuwandte. Mit dieser Erkenntnis stellte sich ein Erleben ein, das Tolstoi so beschreibt „Jetzt empfand er ein Gefühl, ähnlich wie ein Mensch es empfände, der auf einer Brücke ruhig eine Schlucht überquert hat und plötzlich sieht, dass diese Brücke abgetragen wurde und dass dort der Abgrund gähnt. Dieser Abgrund war das Leben selbst, die Brücke war jenes künstliche Leben, das Alexej Alexandrowitsch gelebt hatte."

Einstürzende Brücken beobachte ich bei meinem Rückblick auf meine aktive Kirchenzeit des letzten etwa halben Jahrhunderts. Da hat sich vieles gewandelt. Das sind Brücken eingestürzt, über die ich anfangs noch wie selbstverständlich gehen konnte.

Tolstoi identifiziert die Brücke mit dem künstlichen Leben des Alexej. Sie hat also etwas Künstliches, etwas nicht Echtes, etwas Vorgespieltes und damit Brüchiges. Sie stellte eine Form dar, aber es fehlte ihr eine wirkliche, stabilisierende Substanz. Der rechtlichen Form nach lebte er in einer Ehe, aber nicht in deren menschlicher Wirklichkeit. Die Volks- bzw. Landeskirche ist ihrer Form nach auch eine Kirche, sie ist aber zugleich etwas anderes, nämlich Ausdruck einer weltlichen Herrschaftsstruktur, die sich nicht im Glauben begründet, sondern in anderen Interessen. Darum ist das Argument des Gesundschrumpfens von Kirche prinzipiell verkehrt, da hier für die Kirche das Glaubenskriterium unterstellt wird, das aber in so einer Struktur für sich allein gesehen nicht tragen kann – eben, weil es die Kirche in dieser Form auch nicht gemacht hat. Die traditionellen europäischen Großkirchen hatten als organisierendes Prinzip nicht den christlichen Glauben zugrunde liegen, sondern eine Funktion des Gemeinwesens. Sie sollten die jeweiligen Herrschaftsgebiete mit einem gemeinsamen Glauben stabilisieren und die Herrschenden ideologisch absichern. Auch wenn man nicht sagen kann, der Glaube habe dabei keine Rolle gespielt, so war er doch Teil eines mindestens doppelbödigen Systems. Der Hang zum nicht Echten, Unwahren, Brüchigen war diesem System damit eingestiftet. Es war multikausal bis selbstwidersprüchlich. Eine Kirche in der überkommenen Struktur kann sich nach dem Maß christlichen Glaubens nicht gesundschrumpfen, weil dieser zumindest allein gar nicht ihr Maß war – und auch nicht das sie maßgeblich organisierende Prinzip. Man muss die politischen und gesellschaftlichen Funktionen dazu nehmen – und die schrumpfen nicht, die wandeln sich. Oder sie verschwinden gar.

Alexeij wird gewahr, dass seine Frau das Interesse an ihm verloren hat. Wir werden heute gewahr, dass immer mehr Menschen bei uns das Interesse am Glauben und an der Kirche verlieren oder schon verloren haben. Mit dem Verschwinden des früheren Zwangs zur Kirche frage ich: War vielleicht auch immer wieder (wenn auch nicht durchgängig) die Verbindung von Leben und Glauben künstlich, weil diese von etlichen Beteiligten gar nicht mitvollzogen wurde? Sie war von der kirchlichen Leitung übergestülpt und dieser Vorgang von der Obrigkeit „abgesegnet“. Aber ein Ringen um entschiedenen oder bewussten und klaren Glauben hat es wohl als Normalfall nicht gegeben, das war die Ausnahme. Und das war ja in dieser Struktur auch gar nicht nötig. Form und Inhalt waren auch so gesehen nicht stimmig.
Wenn diese Unstimmigkeiten und Künstlichkeiten fortfallen, heißt das also auch nicht, dass Kirche damit „weg“ ist – man könnte auch sagen:

sie wird von ihren „künstlichen Formen“ befreit. Anders gesagt: Kann Kirche sich nicht mehr an politisch begründete öffentliche Formen anlehnen, dann muss sie ihre eigenen finden. Welche aber sind das? Und wie sind sie zu organisieren? Das ist die Frage, die unsere Aufgabe ist. Das wird schon darin deutlich, dass das überkommene flächendeckende kirchliche Versorgungssystem an seine Grenzen stößt. Wir sind von unseren Ressourcen her immer weniger in der Lage, es zu bewahren. Dabei scheinen mir die menschlichen Ressourcen bald noch wesentlicher als die oft mehr diskutierten finanziellen zu sein.

Die Brücken und wie sie abgetragen wurden

Die erste Brücke: **Gesellschaftsstruktur und politische Ordnung**. Nimmt man einmal die Zeit von Kaiser Karl dem Großen bis zum Ende des deutschen Kaiserreiches, also diese mehr als 1200 Jahre von Karls Kaiserkrönung bis zur erzwungenen Abdankung Kaiser Wilhelm II. nach dem verlorenen 1. Weltkrieg 1918, dann überschaut man mehr als ein Jahrtausend. Und in diesen 1200 Jahren lässt sich die Kirche in unseren Landen nicht einfach als Glaubensgemeinschaft bezeichnen. Auch wenn sich Kirche und Obrigkeiten – von Staat kann man ja da oft noch nicht wirklich reden – auch viel gestritten haben, sie waren doch aufeinander bezogen und die Kirche hatte eine öffentliche Stellung. Sie hatte auch eine politische Funktion, sie war sozusagen der religiöse Ausdruck des Gemeinwesens. Und sie sollte dazu beitragen, es nach innen zu stabilisieren und auch weltliche Herrschaft abzusichern. Von Gott zog sich über Kaiser, Könige, Fürsten und Grafen bis hin zu den Hausvätern bis zu den Herren und Autoritäten aller Art eine Linie, eine Pyramide von Herrschaft. Die wandelte sich in diesen 1200 Jahren durchaus. Sie hatte nicht immer dieselbe Erscheinungsform. Aber sie war da. Gott, Adel, Klerus (also Kirche), Bauern, dann auch Bürger, dann der neue vierte Stand in der Industrialisierung – das war immer Teil *eines* Systems. Und die Kirche war, wenn auch im Wandel der konkreten Strukturen und seit den Gedanken der französischen Revolution und der Aufklärung immer befragter und fluider, doch ein Teil davon. Jedenfalls in unseren Landen. Eine soziale und politische Selbstverständlichkeit von Kirche

über 1200 Jahre hin. Das muss man sich erst einmal klarmachen. Solche Verhältnisse prägen. Und dann verlassen nicht gleich 1918, als auf evangelischer Seite das landesherrliche Kirchenwesen in sich zusammenfiel, die Massen die Kirchen. Nach 1200 Jahren kann man schon mal 100 Jahre brauchen, bis man merkt: Da muss man ja gar nicht mehr drin sein. Das geht ja politisch und gesellschaftlich auch ohne. Diese Brücke der Selbstverständlichkeit, in der Kirche zu sein, die ist durch die neuen gesellschaftlichen und politischen Verhältnisse wie abgetragen.
Überdies waren die Leute ja auch nie gefragt worden, ob sie denn in der Kirche sein wollen. Sie waren da drin als Untertanen ihrer Herrschaft, die das für gut und richtig befand. Punkt. Ich konnte in meiner Berufszeit noch über diese Brücke gehen, dass „man" in der Kirche war. Punkt. Aber die Doppelpunkte, die Fragezeichen und die Ausrufezeichen wurden mehr. Die Brücke dieser Selbstverständlichkeit schwand dahin.

Dieses Abtragen vollzog sich nun nicht in kurzer Zeit. Der Einsturz der Brücke, auf der die Kirche wie selbstverständlich in der Herrschaft und mit den Herren steht. Darum musste man sich mit ihr ja auch irgendwie gutstellen. Stand doch die Kirche für den rechten Glauben und die richtige Ordnung. Dagegen stellte man sich doch nicht. Eine Funktion für die Kirche war dabei, die Werte und Regeln der Gesellschaft nach innen nicht nur darzustellen. Sie sollte sie auch religiös überhöhen und so die Menschen befriedend ins Ganze einfügen. Kirche, das waren auch Moral und Gehorsam. Als das System in seinen Voraussetzungen 1918 brach, brach es im Wollen vieler Menschen nicht ganz. Viele waren überdies politisch wie kirchlich beseelt von einer „**Retrovision**" (Stefan Germer): Sie wollten die monarchischen Zustände und die deutsche Herrlichkeit zurück, inklusive des alten Kirchenwesens. Das beflügelte die „nationale Erhebung". Die nötige Besinnung, wie man ein neues Kirchenwesen auf die Beine bekommen kann – eine Kirche, die auf den eigenen Füßen steht und nicht auf denen der staatlichen Obrigkeit – blieb aus. Und als die nationale Erhebung Deutschlands mit ihren schrecklichen Folgen 1945 niederging, blieb sie ebenso aus. Nun war das Zauberwort die **Res-**

tauration: Da anfangen und weitermachen, wo man 1933 angeblich aufhören musste. Es gab wohl nun mehr Ansätze zu einer Neubesinnung, die drangen aber nicht durch. In der Nachkriegszeit waren die Kirchen überdies gut gebräuchlich: sie boten über die ökumenischen Kontakte die Chance, sich wieder international zu vernetzen, auch weil die Kirchen im Ansehen nicht so beschädigt waren wie viele andere deutsche Einrichtungen. Außerdem konnte man sie gut aufnehmen in die Allianz gegen den kommunistisch- atheistischen Ostblock. Es gab einfach nicht genug Willen und Kraft für einen eigenen Neuansatz.

Den ersten großen Bruch in der befriedenden Aufgabenzuschreibung von Kirche bietet freilich schon das Aufkommen der Reformation. Nun gab es, sozusagen mitten in den eigenen Landen selbst, nicht mehr nur ein Christentum, es gab mindesten zwei, wenn nicht noch mehr. Nicht nur Katholische und Reformatorische, auch Lutherische und Reformierte, Täufer und Reich-Gottes-Propheten, Müntzer- Anhänger, Aufbegehrer und … und … und … Der Glaube bot kein einheitliches Konstrukt mehr, das sich politisch und befriedend auswirken konnte. Im Gegenteil: Der Glaube führte zu zusätzlichen Auseinandersetzungen, und da die einen Fürsten hier und die anderen dort beisprangen, hatte man dann die heftigsten Konfessionskriege und schließlich den fürchterlichen 30jährigen Krieg.

Um überhaupt Frieden zu erreichen und eine Friedensordnung bewirken zu können, musste man die Glaubensfragen entweder formalisieren (cuius regio, eius religio) oder außen vor lassen. Spätestens seit auch in den einzelnen Herrschaftgebieten unterschiedliche Konfessionen möglich wurden – in Friederichs Preußen hieß es, es solle doch ein jeder nach seiner Facon, also seinem Glauben selig werden – trat die öffentliche Funktion des Glaubens immer mehr zurück. Der Staat wird immer mehr zu einem säkularen Staat. Was sollte man auch machen, wenn die Anhänger der verschiedenen christlichen Konfessionen nicht mehr den Staat befriedeten, sondern gefährdeten? Heute sehen viele gerade darin eine *Wurzel des säkularen Staates* und der *Religionsfreiheit* – weil es offensichtlich nicht anders geht. Dass die Konfessionen und die mit ihnen verbundenen politischen und militärischen Kräfte nicht Frieden brachten, sondern zum Kriegsfaktor geworden waren, darin sieht man heute einen Grund für die Herausbildung des säkularen Staates – und damit sicher auch für den Bedeutungsverlust der Kirchen.

Die Wege in Europa waren dabei verschieden. Während in Frankreich der Laizismus Platz griff, also die Ausgliederung alles Konfessionellen und Religiösen aus dem öffentlichen Leben, ging man in Deutschland den Weg der Subsidiarität. D. h., man betrachtete die Gesellschaft als aus unterschiedlichen Teilen bestehend, die sich funktional-strukturell zuordneten. Ein Teil war die jeweilige Konfession. Die wurde am öffentlichen Leben beteiligt, auch gefördert. Sie war aber immer nur eine Stimme in einem viel größeren Orchester. In Folge dieser Sichtweise haben in Deutschland die Kirchen bis heute die Stellung als Körperschaften des öffentlichen Rechts. Gegenwärtig ist der deutsche Sonderweg der Stellung der Kirchen auch durch ein weiteres Moment in Frage gestellt: das europäische Recht geht teilweise darüber hinweg und folgt in vielem dem französischen Ansatz.

Die zweite Brücke: Der **Glaube als Teil des Alltagslebens.** Sie verliert sich. Zu den politischen Veränderungen kommen die gesellschaftlichen. In der Agrargesellschaft bestimmten vor allem zwei Größen das Leben der Menschen: die Landwirtschaft mit ihrem Jahreslauf und das Dorf mit seinem engen Zusammenleben, seinen Bräuchen und Festen. In beides war die Kirche nicht nur einbezogen, sondern auf engste Weise damit verbunden. Die Feste im Jahres- wie im Lebenslauf wurden in kirchlichen Formen begangen. Dieses Ineinander änderte sich durch die Industrialisierung, die Verstädterung, die Anonymisierung der Lebensverhältnisse. Arbeits- und Lebensbereiche vervielfältigen sich, die Bildung nimmt zu, die jeweiligen Eigengesetzlichkeiten und Fachkompetenzen bilden sich aus. Die Kirche, die im „alten“ dörflichen Leben ein selbstverständliches Gegenüber und mehr noch: ein Faktor der Gestaltung und eine Autorität gewesen war, gerät mehr und mehr an den Rand. Sie ist nicht mehr dazwischen, wo die Entwicklung passiert. Und sie feiert bei vielem nicht mehr mit. Denn in all den neuen gesellschaftlichen Situationen ist sie nicht mehr selbstverständlich und nicht mehr einfach dabei und dazwischen. Dem Industrialisierungsschub des 19. Jahrhunderts folgte der der Mediengesellschaft im 20. und die Digitalisierung im 21. Jahrhundert.

Und es entwickeln sich sogar Gegnerschaften, wie in der Sozialdemokratie und Teilen der Arbeiterbewegung, die die Kirchen als Teil der Herren und Mitverantwortlichen für die schlechten Lebensverhältnisse zu vieler Menschen sehen. Kirche verliert an Selbstverständlichkeit und an Boden. Und man sieht sie vereint mit „denen da oben". Denn als Teil der Obrigkeit hatte man Kirche ja auch über Jahrhunderte erlebt. Kirche stand also nicht für die neue kommende Zeit der Demokratie. Sie erschien politisch wie von gestern. Und ins moderne Funktionieren der Gesellschaft war sie nicht eingebunden. Sie verblieb weitgehend in der Parochie, in Stichworten: Kinder, Familie, Alte. Wollte sie mehr und anderes, musste sie dafür neue Formen finden und diese etablieren. Denen entbehrte aber von vornherein eines: die traditionelle Selbstverständlichkeit von Kirche. Damit war klar, dass dieser Weg immer einer der Krise sein würde. Denn es würde sich immer erst im konkreten Vollzug entscheiden, ob hier für die Kirche und den Glauben Land zu gewinnen sein würde – oder eben nicht („Landgewinnung": konfessioneller RU – bricht gerade ab; Militärseelsorge; z. T. Hospiz; z.T. Notfallseelsorge; ansonsten: Status eines Bittstellers oder Fremd-Anbieters von außen). Anders gesagt: Kirche konnte sich nicht mehr voraussetzen, sie musste sich riskieren. Wollte sie das, will sie das? Tut sie das? Das alltägliche Leben zog weitestgehend aus den kirchlichen Bezügen aus. Anders als in Jahrhunderten zuvor legte das Leben eine kirchliche Dimension und einen Bezug zu Gott nicht mehr nahe.

Die dritte Brücke: **Weisheit, Wissen, Wissenschaft**. Was waren denn die drei großen Wissenschaften, denen man sich nach dem Studium der Künste zuwenden konnte? Theologie, Jura und Medizin. Die standen fest in der Tradition, in dem, was überliefert war. Überliefert war, dass die Erde eine Scheibe sei, die Welt in sieben Tagen erschaffen wurde, dass letztlich Eva die Erbsünde verursacht hatte, dass man sich Autoritäten unterordnen müsse, auch denen der Erkenntnis der Natur. Da sah man hin, was die gelehrt hatten, nicht selten schon vor Jahrhunderten. Und man käute es wieder, die mussten es ja wissen. Und die Kirchen, auch die protestantischen, galten als Garanten des traditionellen Wissens. Als dann Menschen begannen, nicht mehr nur weiter wiederzukäuen, sondern selber hinzusehen in die Natur und überhaupt und zu ganz anderen Ergebnissen kamen, waren die Autoritäten auch in der Kirche empört. Viele Menschen gewannen den Eindruck, in den Kirchen hielte man wider besseres Wissen an überholten Erkenntnissen fest und verschließe sich der Vernunft. Nicht nur die katholische Kirche verdammte, in Wittenberg z. B. wurde Giordano Bruno Ende des 16. Jh. exkommuniziert. Doch die wissenschaftliche Aufklärung nahm Fahrt auf, griff schließlich auch auf die historische Bibelforschung über – doch die Kirchen taten sich schwer. In Teilen der Kirchen währt das bis heute.

Die Spannungen der Kirchen mit der Moderne spielen sich wesentlich auch auf dem Feld von Wissenschaft und Bildung ab. Das ist derart komplex und vielfältig, dass es hier nur angedeutet werden kann. Im Empfinden vieler Menschen hat es aber dazu geführt, dass bei ihnen das Gefühl angekommen ist, Glaube und Wissen seien nicht zu vereinbaren. Man könne folglich kein moderner Mensch sein, wenn man es mit dem Glauben hält. Das Wissen und die Weisheit des Glaubens bilden eine Brücke, über die ich in meiner Berufszeit immer wieder gegangen bin. Ich sehe aber, dass diese Brücke von vielen Menschen als abgetragen gesehen wird. Sie halten die der modernen Wissenschaft dagegen, und sie meinen, dass sie darüber gehen und es so richtig machen. Es braucht ungeheure Anstrengungen, darüber überhaupt ins Gespräch zu kommen. Viele Menschen hören gar nicht mehr hin, was Christen und Kirchen sagen. Sie glauben, dass es mit dem Glauben nichts sein kann, weil der mit den wissenschaftlichen Erkenntnissen nicht vereinbar sei. Atheistische Konzepte und Philosophien gibt es schon in der Antike. Dennoch hat sich aufgrund unserer europäischen Geistesgeschichte die Meinung eingestellt, „früher“ sei der Glaube an Gott selbstverständlich gewesen – was er so nie war. Das gängige Wissen hatte eine Metaphysik konstruiert, in der Welt und Glaube harmonisch miteinander aufgingen – und „blöd“ war, wer das nicht einsah. Dass man mit der angeblichen Übereinkunft von Gott und Welt aber einen Großteil biblischen Glaubens ad absurdum führte, der sich gerade mit den Widersprüchen und Spannungen befasst, nahm man nicht wahr. Daran war man ja auch nicht interessiert. Die Kirche war ja auch eine von den *Groß*organisationen – und die sind an Differenzierungen meist wenig interessiert, die wollen eine Generallinie durchsetzen. Fazit: Die Selbstverständlichkeit von Kirche im öffentlichen und politischen System ist nicht mehr gegeben. Sie findet sich in einer gewissen Ortlosigkeit vor. Traditionelle Lebensweisen, Angebote und Arbeitsformen verloren wichtige Teile ihrer sozialen Kontexte. Wo und wie nun kann Kirche ihren Ort, ihre Orte heute und morgen finden?

Was kommt aus dieser Lage für die Arbeit der Kirche heraus?

Die Verhaltenssicherheit anderer, auch öffentlicher Personen im Umgang mit Kirchenvertretern scheint oft gestört, weil diese nicht wissen, wer die Kirchenleute überhaupt sind und wofür sie eigentlich stehen. Sind wir vielleicht doch noch Repräsentanten der alten Obrigkeit, vor der man sich hüten sollte? Hier herrscht schon eine gewisse Unsicherheit. (Diese kann auch so bewältigt werden wollen, dass man uns als überholte Menschen vergangener Zeiten entwertet.) Was sind das für Menschen, die heute noch für Glauben und Kirche einstehen, wo das doch vielen alles überholt erscheint: politisch, gesellschaftlich, wissenschaftlich? Wie also können wir kommunizieren, um einander besser zu verstehen und nicht in gegenseitigen Zuschreibungen zu verenden? Die Selbstverständlichkeit des Glaubens im Weisheitswissen der Gesellschaft wurde abgelöst von der Selbstverständlichkeit von Aufklärung und Wissenschaft. Dagegen muss sich der Glaube immer erst wieder neu behaupten. Er gilt nicht frei weg als anerkannt, er hat leicht den Nimbus des Gestrigen und des Überholten.

„Das sagt mir nichts“, „Damit kann ich nichts anfangen“, „Das interessiert mich nicht“, „Das war früher mal, aber doch nicht mehr heute", „Wo soll dieser Gott denn sein", „Bei all dem Elend auf der Welt kann man das doch nicht glauben", „Bei allem, was in den Kirchen vorgefallen ist und was die selber an schlimmen Sachen gemacht haben, da kann man denen doch nicht vertrauen" – derartige Äußerungen habe ich in den letzten Jahren häufiger gehört als die früher üblichen Hinweise auf Zwangstaufen (etwa der Sachsen), Kreuzzüge und Inquisition. Die kritischen Äußerungen zu Glaube und Kirche haben sich offensichtlich individualisiert und aktualisiert.

Dem entspricht auf der einen Seite ein Rückgang im Beteiligungsverhalten an den kirchlichen Angeboten. Die Einbindung des eigenen in das kirchliche Leben erfährt gegenwärtig eine deutliche Reduzierung. Auf der anderen Seite steht der Bruch mit der Institution als solcher. Viele treten aus, geben religiös nichts mehr an ihre Kinder weiter, demonstrieren die Bedeutungslosigkeit, die Kirche für sie hat.

Die gesellschaftlichen Mechanismen der Weitergabe vom Kirchenzugehörigkeit von einer Generation zur Anderen greifen nicht mehr, jedenfalls nicht selbstverständlich und nicht in Gänze. Was Norm war, ist zur Option geworden. Was Erbe war, das einen überkam, steht als Wahlmöglichkeit da, die man annehmen oder ausschlagen kann. Dem politischen Bruch im Landeskirchenwesen, der 1918 eintrat, folgt nun über hundert Jahre später der deutliche gesellschaftliche Bruch. Das Volk erkennt sich nicht nur nicht mehr in der Volkskirche, es ist sich auch selbst als Volk zur offenen Frage geworden.

Für die Kirchen ist klar: Der Rahmen für die überlieferte Verbundenheit der Menschen mit der Kirche ist weggebrochen. Darauf deuten die Mitgliedsstatistiken ebenso wie Umfragen zum Glauben. Die mit der Kirchenmitgliedschaft verbundenen Inhalte – wobei man ja fragen muss, welche das eigentlich waren und sind – scheinen kaum greifbar und auch von den Kirchen selber kaum noch verbindlich auszusagen: Worin besteht das Evangelium, was ist der Glaube und wie lebt man darin? Und: Wie sieht in dieser herausfordernden Lage die Zukunft der Gemeinden und Kirchen aus? Fragen über Fragen.

Das geistige Umfeld macht es nicht leichter. Es sagt: Glauben ist das, was man nicht weiß. Das Ideal aber ist, zu wissen. Dabei lässt sich nicht alles als Wissen darstellen: Was war vor dem „Urknall“? Was kommt nach dem Tod des Individuums oder nach der Apokalypse der Welt? Was ist die Menschheit, hat sie einen Auftrag, ein Ziel, oder ist sie purer Zufall? Für das Wissen bleibt hier immer etwas zu wissen übrig, das wir nicht überblicken, geschweige denn beherrschen. So wenden sich Menschen lieber dem zu, was ihnen verspricht, dass sie es in die Hand bekommen. Dem Glauben wohnt etwas Unheimliches inne, das uns als Menschen über uns selbst hinausführt. Das ist nicht jedermanns Ding.

Das Umfeld sagt: Kirche ist das, was mal war. Hierarchie, nach überkommenen Werten in überholten Institutionen durchgeformtes Leben, überholtes Wissen. Das Ideal aber ist, selbstbestimmt und aktuell zu sein, sich zu individualisieren und zu singularisieren, um up to date zu sein. Glaube aber sagt: Du kommst nicht aus dir selbst und du vollendest dich auch nicht selbst. Das scheint eine Herausforderung, die vielen heute einfach quer kommt. Das wollen sie nicht. Als ich mich vor einem halben Jahrhundert dem Glauben und der Mitarbeit in der Kirche zuwandte, meinte ein Bekannter, das verstehe er von morgens bis abends nicht, ich sei sonst doch auch ein ganz passabler Kerl. Nun also nicht mehr?

Das Umfeld sagt: Wer sich mit Glauben und Kirche befasst, befasst sich mit etwas, was nicht machbar ist und was einen selbst beständig relativiert. Das Ideal aber ist, machen zu können und sich selbst zu haben, eine sichere Position zu gewinnen. Im Glauben aber überlasse ich mich einem anderen. Ist das nicht viel zu gefährlich? Darauf wollen sich viele heute nicht mehr einlassen.

Glauben und Kirchen haben es in einem weitgehend so geprägten Umfeld schwer, darin Stand zu gewinnen. Ihre Zukunft scheint auf dem Spiel zu stehen. Allerdings ist auch zu sehen, dass die hier erwähnten Spitzen und lauten Stimmen nicht alles sind. Sie bestimmen aber mehr die öffentliche Atmosphäre als die Zweifel und Fragen an diesen scheinbaren Selbstverständlichkeiten, die sich viele Menschen auch stellen und mit denen sie sich oft nur in der Stille und im Gespräch mit wenigen vertrauten Menschen befassen. Die öffentliche Szene aber legt Glauben nicht mehr nahe, sie stellt ihn eher in Frage. Und ein Kirchenwesen, das auf persönlicher Zustimmung beruht und nicht mehr auf sozialer Konvention, wird ungleich gefährdeter und fragiler dastehen als ein öffentlich vorgesehenes und abgesichertes System. Das bedeutet aber nicht, dass es unmöglich ist. Nur eines ist jetzt schon klar: es wird anders sein als das, was wir über ein Jahrtausend als Kirche in Mitteleuropa kannten.

Woran nun können wir uns in diesem Wandel und in den nicht geringen Transformationen orientieren? Ich sehe dahin, wo die Kirche ihren Ursprung fand: in Jesus Christus. In ihm liegt der Schlüssel auch für die Zukunft.

Thesen:

1. Unser herkömmliches Landes- bzw. Volkskirchenmodell entstammt letztlich dem Ideal, das von folgenden Voraussetzungen ausgeht: eine einheitliche Religionszugehörigkeit der Bevölkerung in einem bestimmten Gebiet, das mit einem politischen Herrschaftssystem identisch ist; strukturelle Anlehnung an das Institutionalisierungsprinzip der Gebietskörperschaft inkl. Ihrer inneren Hierarchie; prinzipielle Entscheidungsentbindung der Mitgliedschaft durch die Souveränität des Landesherrn bzw. den gesellschaftlichen Vorgang sozialer Konvention. Man kann sagen: Die Kirchen hatten keine Mitglieder, sie hatten Untertanen. Mit einem langen Blick zurück über die Geschichte ist zu erkennen: Über 1200 Jahre galt nicht das Mitgliedschaftsprinzip nach dem Muster Zugehörigkeit, Glaube, Taufe. Es galt vielmehr: Rekrutierung in das allgemein Übliche durch die Herrschaft. Als deren Teil trat die Institution Kirche auf.

2. Zwar zerfiel dieses System in seinen politischen Voraussetzungen, die sich ohnehin schon aufgeweicht hatten, prinzipiell 1918 mit dem Ende des Ersten Weltkriegs und der Abdankung des Adels. Aufgrund der politischen Situation blieb

aber nicht nur eine Neubesinnung für die kirchliche Organisation aus. Restaurative Kräfte und die Macht der Retrovision verhinderten schon eine ehrliche Wahrnehmung der Vorgänge. Letztlich führte das (gesamtpolitisch) zum Desaster der Nazi-Herrschaft und des Zweiten Weltkrieges

3. Nach 1945 wurden in der DDR die Kirchen mehr und mehr an den Rand gedrängt, da sie als Hemmnis für den Fortschritt des Sozialismus galten. Außerdem war dort der Atheismus Staatsideologie. Im Westen wurden die Kirchen der BRD in den Schulterschluss des christlichen Abendlandes gegen den Atheismus des Ostblocks hineingenommen. Außerdem boten sie einen nationalen wie internationalen Raum, um nach der NS-Zeit wieder einen scheinbar unbelasteten Neustart vollziehen zu können. Eine Neu*besinnung* blieb weiterhin aus. Gesellschaftlich setzten sich Mächte der Restauration durch, auch in den Kirchen.
4. Die fiktive Jahreszahl „1968" steht für die Entwicklungen, die aus dem Gewordenen ausbrachen, sich der eigenen Geschichte neu näherten und den eisigen Stillstand des Kalten Krieges mit seinen atomaren Szenarien überwinden wollten. Außerdem wollte man Ernst machen mit der (mehr!) Demokratie. Im Rahmen eines neuen Bewusstseins für Bürgerrechte und Humanität entstehen auch in den Kirchen Bewegungen, die die herkömmlichen Vorgehensweisen kirchlicher Arbeit und Organisation in Frage stellen und Neues in den Blick nehmen. Im Lauf der Jahre wächst auch erstmals eine von mehr Menschen nachvollzogene Einsicht in das, was auch im Namen der Kirche jüdischen Menschen in der Geschichte Europas angetan wurde und was durch die Schoa nicht mehr zu leugnen war (obwohl auch das noch versucht wird).

5. Moralische und religiöse „Werte", die bislang fast unhinterfragt zu gelten schienen, wurden zunehmend in Frage gestellt.

Die Kritik an den Autoritäten und ihren Institutionen wandte sich auch gegen die Kirchen. Diese sind (im röm.- kath. Bereich bis heute) eher monarchisch- hierarchisch als demokratisch organisiert. Es entsteht ein Gefühl dafür, dass die offiziellen Kirchen eigentlich immer auf Seiten der Herrschenden standen und ihnen zu Diensten waren, aber nicht den Menschen, nicht den Bestrebungen nach Demokratie, nicht der Durchsetzung der Menschenrechte. Die Forderung nach Autonomie (einschl. der Religionsfreiheit) gegen die erfahrene Heteronomie wird mit den Aufbrüchen der „68er" immer stärker.

6. Neben dem Verhältnis zur Demokratie wird nun auch das Verhältnis der Kirchen zu den Wissenschaften genauer betrachtet. Stehen Demokratie und Bildung gegen den Glauben?! – zumindest gegen den, der von den traditionellen Großkirchen vertreten wird? War es im 19. Jahrhundert die Arbeiterschaft, die die Kirche in hohem Maße verlor, sind es in der zweiten Hälfte des letzten Jahrhunderts viele Lehrer, Journalisten und Intellektuelle. Die Lehre der Kirche in Dogmatik wie Ethik erscheint tendenziell überholt, als passe sie nicht mehr in die neue Zeit. Mittlerweile gibt es aber auch wieder restaurative Kräfte, die den Ausverkauf des christlichen Abendlandes stoppen wollen. Verschwörungstheorien sind en vogue, esoterisches Gedankengut keine Seltenheit. Wer in diesen weiten Spektren nach etwas sucht, wo man als Kirche einfach „andocken" könnte, hat mit diesem Bemühen offensichtlich ein Problem. Welche Art von Modernität ist gefragt – und wo beziehen Menschen ganz bewusst Gegenpositionen gegen die Moderne? Die Gesellschaft zeigt sich alles andere als eindeutig und klar. Welche Rolle soll und kann die Kirche darin spielen?
Damit kommt die Frage nach dem evangelischen Profil neu auf. Nur: Was ist es denn überhaupt und – wie ist es organisierbar?

7. Die Vermehrung der Lebensorte, die Differenzierung der gesellschaftlichen Systeme und die Pluralisierung der Werte machen es unmöglich, als Kirche an ein irgendwie geartetes „Gesamt" heutigen Lebens anzuknüpfen. Gesucht und gefragt sind die je perspektivischen Besonderheiten, die je passenden Ausdrucksformen der Milieus, die Suche der einzelnen nach Bestätigung der Performanz ihrer jeweiligen Singularisierung. Hinzu kommt die nicht zuletzt durch die Globalisierung vervielfältigte Wahrnehmung der Religionen, die mit der in der eigenen Parochie erlebten Gemeinde in einem völlig ungeklärten Verhältnis zu stehen scheint. Auch die Wahrheitsfrage scheint damit vielen „erledigt". – Was also gibt es, das sich (kirchlich) noch durchhalten lässt? Die klassischen Arbeitsformen in der Parochie scheinen es nicht zu sein, auch nicht die Wahrnehmung der kirchlich angebotenen Amtshandlungen. Gottesdienste sind weithin zu Randphänomenen geworden. Was „ist es" aber dann? Und was ist zu tun?

8. Das Programm einer „Kirche für andere", das sich oft auf Bonhoeffer berief (zurecht?!), erscheint heute vielfach verbunden mit dem Modell einer Service-Kirche, die in erster Linie von Hauptamtlichen verantwortet und geprägt ist. Gemeinde wird zum Dienstleistungsangebot, Gemeindeglieder werden zu „Kunden". Die Übernahme solcher Denkmodelle führen mitunter zwar auch zu einer qualitativ verbesserten Angebotslage, reduzieren dabei aber das, was Gemeinde ist, auf das Dienstleistungsverhältnis zu einem Anbieter. Was aber ist dann die „Gemeinde"? Da scheint mir Klärungsbedarf zu sein.

9. Die weitere fiktive Jahreszahl 1989 steht für ein Ereignis, durch das die Verhältnisse in Deutschland und Europa in neue Verhältnisse traten. Das Ende des Ost-West-Konflikts und des damit verbundenen Systemwettbewerbs machte auch die Kirchen als konservative Verbündete gegen den atheistischen Ostblock überflüssig. Die Folgen dieser realsozialistischen

Geschichte erbte vor allem die Evangelische Kirche in den entkirchlichten Gebieten Mitteldeutschlands.

10. Die Mitgliederentwicklung ist ein deutliches Indiz dafür, dass die traditionellen Verbundenheiten der Menschen mit ihren Großkirchen weithin nicht mehr tragen. Nach der Freiburger Studie vom Frühjahr 2019 ist damit zu rechnen, dass bis 2060 sich die Mitgliederzahlen der Großkirchen auf etwa die Hälfte verringern. Danach wäre dann nicht mehr die knappe Hälfte der Deutschen Kirchenglieder, sondern nur noch ein Viertel. Das wäre ein rasanter Rückgang, dessen Folgen für die eigenen Organisationsmöglichkeiten wie für die öffentliche Bedeutung von Kirche deutlich negativ sein dürften. Andererseits enthält diese Prognose nicht nur von den Kirchen kaum beeinflussbare demographische Daten, sie enthält auch Faktoren, die durchaus variabel sind: das Taufverhalten, die Austritte, die (Wieder-)Eintritte. Man muss also nicht wie das Kaninchen gebannt vor der Schlange sitzen und erstarren. Nur: Wie und womit geht man auf Menschen zu? Welche Möglichkeiten gibt es, sie kirchlich zu binden und einzubinden?

11. Konzepte zu einer Neufindung und Stabilisierung von Kirche setzen dabei auf zwei unterschiedliche Weisen an. Das erste fokussiert die Parochie und/oder bestimmte kirchliche Arbeitszweige, durch die Menschen gewonnen und gehalten werden sollen. Das zweite setzt stärker beim Institutionen- und Verbandscharakter der Kirchen ein, die sich für bestimmte Themen und Personengruppen besonders engagieren; das gilt auch für das Feld der Diakonie. Hier ist mir vor allem die Frage, ob das alternativ zu denken ist oder komplementär und wie sich kraftzehrende Grabenkämpfe vermeiden lassen. Auch sind beide Ansätze auf ihre Stärken wie auf ihre Defizite zu befragen und weiterzuentwickeln. Während „Basisarbeiter“ und Pfarrverbände stark das Zukunfts-

konzept verfolgen, welches die Ortsebene fokussiert, treten kirchenleitende Personen oft mit der Verbandsperspektive in Erscheinung. Was bedeutet das, was folgt daraus?

12. Eine neue Strukturierung und Stabilisierung von Kirche braucht Bindungskräfte – nur: welche können das sein, wenn nicht mehr der allgemeine Rahmen diese schon mit sich bringt, sondern der eigene „(Marken-)Kern" von Kirche gefragt ist? Welche Rolle dabei spielt der Glaube, die Theologie, der Bezug auf Jesus Christus?
    Da die traditionelle, vorgegebene Verbundenheit ebenso wenig mehr trägt wie eine Allgemeinzuständigkeit für „Religion und Werte", wie sie einmal der Kirche zuerkannt wurde, befinden sich die Kirchen nun in einer Bringeschuld, zu formulieren und deutlich zu machen, wofür sie stehen und wie sie ihr Angebot organisieren und einsichtig machen. Hier ist Qualität gefragt, nicht mehr nur das auch zur Quantität neigende Argument des Üblichen. Denn das hat weder noch eine Mehrheit noch eine selbstverständliche Plausibilität.
13. Noch völlig im Nebel sind die Organisationsprinzipien eines neuen Kirchenmodells und auch die Antwort auf die Frage, wie für so ein Modell eine Stabilität erzielbar ist, die dauerhafte Tätigkeit und strukturierte Verantwortung in der Arbeit ermöglicht. Wir kennen weder die dauerhaft bleibende Basis der Kirche unter den Menschen noch die Lebens- und Arbeitsformen, für die sich Menschen auch in Zukunft stark engagieren werden. Auch wissen wir nicht, in welcher Weise und bei den Finanzen in welcher Höhe die Menschen in Zukunft die Kirchen unterstützen werden. Zugleich haben wir keine andere Wahl als loszugehen – learning by doing! In der Frage nach der Bedeutung der Kirche in der Gesellschaft scheint mir die amtsorientierte Fokussierung im Rahmen der Institution immer stärker abgelöst durch eine inhaltliche Perspektive. Schon in der alten Bundesrepublik gab es das Böckenförde-Diktum. Ernst Wolfgang Böckenförde hat darin formuliert, dass der moderne Verfassungsstaat auf Voraus-

setzungen angewiesen ist, die ihm selbst voraus liegen. Das entspricht der überlieferten Einsicht, dass Institutionen nicht nur von ihrer strukturierten Gestalt leben; sie sind darauf angewiesen, von Menschen angenommen und belebt zu werden. Durchaus analog zu diesen längst bekannten Denkweisen hat jetzt der Soziologe Hartmut Rosa seine These vorgelegt, die besagt: „Demokratie braucht Religion". Dabei geht es vorrangig um Kompetenzen der Wahrnehmung und der Kommunikation, ohne die auch die Demokratie verkommt. Damit ist mehr und noch anderes gesagt als nur ein funktionales Geschehen aufgerufen; es geht um nichts weniger als um die Haltung von Menschen, die dann ein bestimmtes Agieren in den sozialen Zusammenhängen erst möglich werden lässt. Die verfassungsstaatliche repräsentative Demokratie bedarf keiner theologischen Rechtfertigung noch Weihen. In ihrem Zusammenhang sind die Kirchen vielmehr gefragt als zivilgesellschaftliche Kräfte und als Gemeinschaften, die Dimensionen in das Geschehen einspielen, die sonst verloren zu gehen drohen. Das meint keinen allgemeinen Ansatz (wie „Kirche für andere"), sondern ein Gespür dafür, Kirche unter anderen und mit anderen zu sein.

Bei der Bearbeitung des Themas wurde mir sehr klar: Wer nach Zukunft für Glauben und Kirche fragt, kommt nicht umhin, zwei weitere Fragen zu bedenken. Die eine: Wer sind wir Menschen denn überhaupt? Die andere: Wer ist Gott? Und diese beiden Fragen sind dann auch aufeinander zu beziehen. Das hat nicht so zu geschehen, hierin zu festen Definitionen, weder zu selbstbehaupteten persönlichen Identitäten noch zu gestylten Konzeptionen für die Institution zu kommen. Schon gar nicht soll man sich die dann gegenseitig um die Ohren hauen! Vielmehr geht es um die Zuversicht und Gelassenheit des Glaubens, der sich und die sozialen Kontexte Gott anvertraut und sich von ihm getragen und geleitet weiß. Es geht darum, einen Weg oder Wege zu finden in einer neuen Sensibilität für die Dimensionen, in die die oben genannten Fragen immer wieder hineinführen – jeden-

falls diejenigen, die sich ihnen öffnen, die sich zu Gott und zu den „nächsten“ Menschen hin loslassen und immer neu genau diese Wege sucht, nach ihnen fragt, sie sensibel betritt.
Nicht selber fertig werden ist angesagt, nicht, die zu werden, für die wir uns halten und die wir gerne wären, sondern das Suchen und Gehen von Wegen, die uns in Gottes Zukunft führen. Die Rede, die sagt, dazu sollten wir hinter Jesus her gehen, die scheint mir dabei in die richtige Richtung zu weisen.

Alles wackelt. Zwischen Krisen und Zuversicht: Puzzleteile zur Frage nach der Zukunft des Glaubens

Wer gibt dem Glauben Kraft und Wirkung?

Aus den Sozialwissenschaften höre ich: Während die Menschen früherer Kulturen in der Übernahme der üblichen Religion Teil einer der großen Erzählungen wurden (sei es der Gottesgeschichte, der Kulturgeschichte oder der Geschichte der jeweiligen Nation), wird heute die Religion dadurch real, dass sie Teil einer persönlichen Lebensgeschichte wird. Ihre Wertigkeit ist also nicht gesellschaftlich vorgegeben, sie wird ihr von den Individuen je aktuell und persönlich zuerkannt. Die Erfahrung, dass ein Glaube etwas wert ist, geschieht nicht mehr vom Allgemeinen ins Individuelle hinein, sondern sie ereignet sich eigentlich umgekehrt. Der einzelne ist es, der das Religiöse zu erfassen, zu (er)tragen und zu entscheiden hat. Ohne diese Wirklichkeit des einzelnen scheint auch religiöse Wahrheit nicht mehr aussagbar zu sein. Er ist der Ort energetischer Präsenz von Religion. Was er denkt und wie er lebt (er oder sein Milieu, seine Familie, seine Bezugsgruppe), das ist ihm maßgeblich auch für religiöse Wahrheit. Es ist seine Präsenz (bzw. die der ihm verbundenen Menschen), die entscheidend ist. Es sind hier folglich zwei Perspektiven von Präsenzen im Spiel: einmal die je eigene, dann die je aus dem heraus geschehende, was vor, um und über einem ist – wobei letztere sich noch sozial und religiös-spirituell differenzieren lässt. In jedem Fall bleibt aber der grundsätzliche Wandel gegen frühere Zeiten, dass gesamtgesellschaftlich kein Glaube und keine Religion mehr verbindlich nahegelegt wird. Zum einen eröffnet das für die Menschen einen Raum der Freiheit, zum anderen für die kirchlichen Institutionen die Frage, wer und wozu sie denn nun in dieser veränderten Situation sind. Sowohl die Rolle des christlichen Glaubens als auch der Bezug zum Kirchlichen hat unter diesen Bedingungen nicht mehr die Art des selbstverständlich Allgemeinen, sondern des optional Persönlichen. Was den Glauben oder die Religionsgemeinschaft angeht, ist das Verhältnis nicht mehr traditionell überkommen und selbstverständlich, sondern es ist individuell gewählt und „besonders". – Frage: Was bedeutet diese sozialwissenschaftliche Perspektive für Theologie und Kirche?

Wie ist die Religion wertende und sie realisierende Rolle der einzelnen theologisch zu sehen? Zum einen: Überfordert sie nicht? Zum anderen: Wie weit ist der einzelne wirklich Einzelner und nicht auch sozial eingebunden? Ist der einzelne mit dieser Zuschreibung nicht nur überfordert, enthält diese Sichtweise nicht auch Unangemessenes? (... was freilich noch nichts an der gefühlten neuen sozialen Wirklichkeit von Religion verändert.) Und: Wie und wozu verbinden sich die einzelnen zu religiösen Gemeinschaften – oder geht Religion in ihrer gesellschaftlichen Dimension sozusagen zwischen den einzelnen unter? Dann bliebe nur individuelle Spiritualität übrig. Was ist in dieser Lage Herausforderung und Aufgabe der Kirche?

Könnte es sein, dass wir den Zirkel des Christus, der „in die Hände der Menschen gegeben" wird (Mt 17,22) mit den beschriebenen Entwicklungen nicht verlassen, sondern nur variieren? Er „wandert" nur von den Händen der Fürsten in die der Bürgerinnen und Bürger. Was ist daraus zu folgern? Dabei ist zu beachten, dass das Gegebenwerden Christi in die Hände der Menschen einem göttlichen Ratschluss folgt. Zugleich geschieht dies aber wegen der Gottlosigkeit der Menschen. Die darin liegende Ambivalenz darf man nicht übersehen. Sehen muss man aber auch, dass sich der Weg Christi nicht im Karfreitag erschöpft, sondern mit Ostern in eine neue Dimension tritt. Diese ist von der menschlichen zu scheiden, aber nicht mehr absolut zu trennen. Der Auferweckte ist das Haupt seiner Kirche. Diese aber besteht aus Menschen, die in vielerlei Weise in das Weltleben verwickelt sind. So gesehen ist die Kirche nicht nur quantitativ ein Corpus, in dem Glaubende und Nichtgläubige vermischt vorkommen; qualitativ ist es so, dass die Christen wie schon die Jünger begrenzte und zweifelnde Menschen sind, zugleich aber durch Christus Geheiligte, also Menschen Gottes. Was ist dann die real existierende Kirche? Zum einen ist es die im Weltleben agierende Kirche, die sich darin immer auch als Kirche Christi verläuft und verfehlt. Zum anderen besteht sie aus Menschen, die Christus als Menschen Gottes rechtfertigt und zu

Zeuginnen und Zeugen seines begonnenen und kommenden Reiches macht. Beides ist zu sehen. Der Mix von Glaube und Unglaube kommt nicht durch die je „anderen", er ist in jedem Menschen. Heiligung ereignet sich immer nur in der Gemeinschaft Christi. Das idealisierende römisch-katholische Kirchenbild blendet diese Ambivalenz tendenziell aus – doch die verdrängten „Geister" lassen sich nicht leugnen und drängen immer stärker ans Licht, was zu einer existenziellen Krise führt.

Leben und Glauben im „langen Samstag"

George Steiner spricht in seinem Interview-Buch „Ein langer Samstag" davon, dass wir einen langen Samstag erleben. Befragt, was er darunter versteht, antwortet er: „Ich habe das Schema Karfreitag – Ostersamstag – Ostersonntag aus dem Neuen Testament übernommen. Das heißt: Am Freitag der Tod Christi, Nacht sinkt auf die Erde herab, und der Vorhang im Tempel zerreißt; dann folgt die Ungewissheit, die – für die Gläubigen – jenseits allen Entsetzens gewesen sein muss: die Ungewissheit des Samstags, an dem nichts geschieht, sich nichts bewegt; und schließlich dann die Auferstehung am Sonntag. Dieses Schema ist von grenzenloser Suggestionskraft. Wir erleben die Katastrophe, die Folter, die Angst, und dann warten wir, und für viele endet dieser Samstag nie. Der Messias kommt nicht, und der Samstag dauert an.
Wie also diesen Samstag durchstehen?" (Weil er uns genau diese Frage aufgibt, heißt er in unserem Kirchenjahr auch nicht Ostersamstag, sondern Kar(!)-Samstag, also wie der Kar-Freitag ein Tag des Wehe und der Wehklage.) Und dann, einige Absätze später, sagt Steiner: „Dieser Samstag des Unbekannten, der Erwartung ohne Garantien, ist der Samstag unserer Geschichte. Dieser Samstag enthält zugleich eine Mechanik der Verzweiflung – Christus, auf entsetzliche Weise getötet und begraben – und der Hoffnung. Verzweiflung und Hoffnung sind natürlich die beiden Seiten der Medaille der menschlichen Lage." Und wir sind, solange wir in diesem irdischen Leben sind und das Reich Gottes nicht vollendet ist, zwischen

Verzweiflung und Hoffnung hin und her geworfen. Wir suchen unsere kleinen Sonntage, die wir auch erleben, aber das Gute ist nicht vollendet, es gibt „Momente absoluter Verklärung“, in denen alles irgendwie zu stimmen scheint – und dann wieder droht es einem zu zerbrechen. Und damit kommt auch der Glaube immer wieder ins Fragen und in die Krise. Wenn es in Matthäus 27,51-53 heißt, dass bei Jesu Kreuzestod der Vorhang im Tempel zerriss und die Gräber der Heiligen sich nach Jesu Auferstehung öffneten, dann soll dies ein Hinweis darauf sein, dass mit der Auferweckung Jesu eine neue Zeit beginnt: Die Verborgenheit Gottes wird enden, und das Leben, das Jesus Christus neu hervorbringt, wird sich denen zuspielen, die auf die Vollendung und Erfüllung hoffen – also: das Reich Gottes ist in seinem Kommen nicht mehr aufzuhalten! Wir sind schon im Schein des Ostersonntags – aber wir leben auf dieser Erde und – solange wir in diesem Leben sind – selber noch wie am Karsamstag, mit Steiners Worten: im langen Samstag der irdischen Geschichte. Und wir hoffen, dass die Erfüllung und Vollendung kommen werden. „Vergnügt, erlöst und befreit“ (H. D. Hüsch): aber auf Hoffnung hin, noch nicht vollendet. Die Hoffnung macht es hell – doch das Dunkel ist auch noch Teil unserer Wirklichkeit, hat aber sein Recht an uns verloren.

Der Karsamstag und das Nichts, das er verkörpert, gehört mit all seinen Gefahren und Versuchungen zum Leben dazu. Die Welt wurde nicht als Schlaraffenland geschaffen. Im Buch Hiob heißt es einmal: Gott spannt den Norden (= das, was oben ist) auf über dem Nichtigen, die Erde hängt er auf über dem Nichts (Hiob 26,7). Das bestaunenswerte Wunder ist nicht, dass überhaupt etwas ist statt Nichts, das größte Wunder ist, dass etwas ist *angesichts* des Nichts, in das unser Leben immer versinken könnte. (Jürgen Ebach) Aber das tut es nicht – jedenfalls, solange wir leben. Und wir hoffen: in der Kraft Christi über den Tod hinaus!

Der Ostersonntag steht für die Überwindung des Nichts in das Leben hinein, das Gott allein schenkt. Damit sind die Anfechtungen durch Leid und Not nicht weg. Die Botschaft des Karfreitags zeigt, dass wir in ihnen nicht gottverlassen sind, weil Christus diese Verlassenheit mit uns teilt und Gott in die Gottlosigkeit hineinträgt. Darin liegt der Keim für das Wunder von Ostern. „Tod, wo ist dein Sieg, Tod, wo ist dein Stachel?" (1 Kor 15,55) Nichts und Tod lösen sich auf, sie sind überwunden. Ihnen gilt es nicht mehr zu glauben. Das ist die Haltung, mit der wir durch unsere Karsamstage gehen können, den langen Karsamstag unserer Geschichte, bis es endlich und völlig Ostern wird. (In diesem Geist lese man den Psalm 23!)

Im Glauben an die Osterbotschaft leben christlich glaubende Menschen zugleich im Karsamstag, im „schon jetzt und noch nicht". Der Glaube hat in dieser Welt Kreuzgestalt, über die kann er sich nicht überheben. So kann auch der Glaube sich nicht überheben über Anfechtungen und Zweifel. In diesem Zusammenhang ist eine Beobachtung von Norbert Bolz interessant: „Max Weber hat einmal gesagt, die Sekte liege im Kriege gegen die Theologie. Theologie ist nämlich die Rationalisierung des Heilsbesitzes; sie geht vom Faktum der Offenbarung aus: Es gibt Sinn. Und die Kirche versteht sich als Anstalt des Heils, die die Gnadengaben monopolartig verwaltet. Das gibt dem Priester seine unvergleichliche Stellung: er steht für das Heil von Amts wegen. Und gerade dem religiös unmusikalischen Menschen verhilft das von der Kirche verwaltete Dogma zum Glauben. Deshalb könnte man (heute!) sagen: Die Kirche ist das transzendentale Obdach der religiös Unmusikalischen. Denn religiöse unmusikalisch heißt eben nicht irreligiös. Die Kirche überlebt gerade weil und wo die religiösen Motive schwach sind. Starke religiöse Motive führen ja zur Sektenbildung. Das stößt uns auf eine erstaunliche Paradoxie: Die Stärke der Kirche liegt in der Schwäche der religiösen Motivation."

Die Kirche ist nicht die Versammlung der Vollkommenen und sich im Recht Befindlichen, sie ist die Versammlung der zum Glauben gerufenen Gottlosen, der mit Gottesnähe beschenkten Fernen, die unter Wort und Sakrament den Wandel in den Glauben erfahren. Kirchliches Profil besteht nicht zuerst in Macht, Stärke und Durchsetzung von Richtigkeiten, sondern in der Barmherzigkeit. Sie leiht gerne, auch den Zweifelnden, die Gewänder des Glaubens, damit sie darin neu gehen lernen – ohne sie zu besitzen. Das sind ja Gewänder, die auch uns Kirchenmenschen nur „von oben" geliehen sind. Sie dann doch als die zu entdecken, die zu uns gehören, geschieht uns durch die Gnade Gottes.

Wessen „Ich" gilt in der Kirche?

Den Arbeitstitel „Kirchen zwischen Krisen und Zuversicht" könnte man auch so fassen: Die Kirchen befinden sich im Wandel (oder gar Zerfall) ihres überkommenen institutionellen Konzeptes (sei dies ein gebietskörperschaftliches, ein nationales oder funktionales für die gesamte Gesellschaft) einerseits. Doch dort, wo sie sich als christliche Organisationen erkennen, stehen sie andererseits unter der Zusage Christi „Ich bin bei euch alle Tage". Die die Christenmenschen und ihre Verbundenheit im Glauben erhaltende Macht geht dabei nicht von ihnen selber aus, sondern von dem, der die Zusage gibt „Ich bin bei euch". Martin Luther hat daraus die Erkenntnis gewonnen, dass nicht wir Menschen die Kirche erhalten, sondern allein der Herr, der diese Zusage zu machen allein in der Lage ist. Demnach ist die wesentliche Frage für die Kirchen die, wer in ihr „ich" sagt. Ist es das Ich der Menschen, oder ist es das Ich Gottes und Christi, das im Geist an uns und durch uns wirksam wird? Wer also sucht auf welche Weise nach Lösungen und Wegen in und aus der Krise?

Wie nun suchen wir? Die Wirklichkeit unserer Menschenwelt (oder was wir dafür halten) ist das, worin wir uns allererst (und dann auch in der Regel völlig unreflektiert) bewegen. Unser Denken und Handeln ist davon geprägt. Die von uns gelebte subjektive Wirklichkeit wird erweitert durch die Welt-Wirklichkeit, also die Wirklichkeit all dessen, was um uns ist und in vielfacher Weise menschliches Leben auch prägt, aber eben nicht mit ihm identisch ist. Unsere subjektive Weltwirklichkeit und Menschenwirklichkeit, wie sie sich uns zeigen, das ist das, was wir wahrnehmen und in Händen halten. Der kulturelle und wissenschaftliche Entwicklungsprozess der letzten etwa 300 Jahre hat immer stärker und zum Schluss vielleicht ganz und gar (nur) auf diese Wirklichkeiten gesetzt: die der Menschen und die der nichtmenschlichen Welt. Ein Gott ist diesem Denken fremd.

Kinder solchen Denkens sind „wir alle", ist in vielfacher Weise auch die christliche Theologie. Als historische Theologie hat sie versucht, die geschichtlichen, irdischen Bedingungen und Zusammenhänge theologischer Aussagen und Konzepte aufzuzeigen und zu relativieren. Das bedeutet zugleich: sie hat ihnen die Ansprüche nach Absolutheit entzogen. Sie hat verglichen, sie hat Wirkzusammenhänge aufgezeigt, sie hat Erklärungen geliefert – und vor allem: viele Theorien. Sie hat Analogien herangezogen, und sie hat aus diesen Analogien einerseits die Phänomene erklärt, andererseits für das, was als analogielos erscheint, eine gewisse Unwirklichkeit und Geschichtslosigkeit behauptet – weil es das ja offensichtlich „nicht gibt".

Diese analytische Herangehensweise, die uns Menschen zentriert und uns Ich sagen lässt, arbeitet auf der Ebene historischer und naturwissenschaftlicher bzw. empirischer Methoden. Diese sind aber nicht in der Lage, Aussagen über Gott zu machen. Sie können lediglich ergründen und darstellen, was je von Menschen von Gott geglaubt und wie so ein Glaube gelebt wurde. Besteht die Wissenschaftlichkeit der Theologie nun darin, sich auf diese allgemein menschliche Ebene zu beschränken – oder hat sie noch eine andere konstruktiv-systematische Möglichkeit? Zu welchen Aussagen aufgrund welcher Ansätze und Methoden kann sie vordringen? Welche Bedeutung hat dabei das biblische „Ich" Gottes? Und welche Rolle spielt die neutestamentliche Aufnahme der Rede des „ich bin" in die Wirklichkeit des Christus?

Gott und die Welt

Der Mensch stellt sich in der Verfahrensweise moderner Wissenschaft Gott gegenüber und legt seinerseits fest, was es mit Gott auf sich haben könne und was nicht. Doch nach welchen Phänomenen und mit welcher Methodik geht er dabei vor? Was, wenn es nun so ist, dass Gott dem Menschen überhaupt nicht greifbar ist, nicht in einen Begriff zu bringen und nicht in eine Konzeption einzufangen? Das Bilderverbot wie die Untersagung, den Gottesnamen zu nennen, weisen in diese Richtung. Was, wenn es nicht mit uns beginnt und endet, sondern mit dem, den wir Gott nennen? Dann müssten wir ja unsere eigene Position ganz neu bedenken. Was, wenn nicht wir Gott beurteilen, aber Gott uns?

Von Gott „selber“ (!?) ist ja das zu unterscheiden, was an menschlichen Behauptungen, institutionellen Ansprüchen und Anmaßungen von Gruppen und Gemeinschaften mit dem Wort „Gott“ in Anspruch genommen wird. Und von dem allen sagte Ernst Troeltsch doch völlig zu Recht: „Alles wackelt.“ Die theologischen und philosophischen Versuche, Gott in unserem Leben einsichtig zu machen und ihm einen Platz unter uns Menschen zu geben, sind allemal in der Krise. Eine wichtige Einsicht ist, dass wir Menschen nicht in der Lage sind, dem, der auf dieser Erde keinen Ort hat, da er sein Haupt betten kann (Mt 8,20; Lk 9,58), im geistigen wie existenziellen Sinn ein Bett zu bereiten, einen Ort zu schaffen, an dem er ruhen und Zuhause sein kann. Vielleicht haben wir gedacht, unsere Kirchen wären dieser Raum. Aber sie sind es nicht. Sie sind entweder Verweise auf eine Zukunft, die man nur so gewinnt, in sie aufzubrechen, oder sie sind Stein werdender Unglaube, in dem wir Gottes Ruf ins Evangeliumsleben in unser eigenes Leben verwandeln und ihn in uns selbst ziehen. Im Glauben des Evangeliums aber geht es darum, dass wir in Gottes Lebendigkeit hineinverwandelt werden. Das ist etwas anderes. Man kann nicht für sich stark werden in Gott, der uns in der Schwachheit des Kreuzes begegnet. Man kann nicht in einer Selbstorientierung verharren, wo Christus uns an den anderen verweist. Wo Gott sich dem Untersten zugesellt, kann ich ihn nicht zum Bündnispartner für meinen Weg nach oben machen. So gesehen steckt die Bibel voller Religionskritik. In der Tat wackeln unsere Religions- und Kirchenkonzepte!

Wege nach vorn

Die in für uns fast unerreichbare Fernen entschwundenen Dialektiker der Theologiegeschichte nannten es theologische Existenz, Bonhoeffer nannte es die Nachfolge in der Treue Gottes zur Welt und zu den Menschen, der er nicht nur zu folgen suchte, sondern für die er letztlich sein Leben ließ. Die in die Enge führende Selbstbezüglichkeit gilt es theologisch wie kirchlich zu verlassen, auch das erkenntnistheoretische Korsett, das alle Erkenntnis an unsere Erkenntnismöglichkeit bindet, sondern sich in die riskante Weite zu stellen, die schon der Psalmbeter ahnt – „du stellst meine Füße auf weiten Raum" – und „unseren Karren" (den eigenen wie den kirchlichen) an den „Stern" des Evangeliums zu binden. Umkehr und Stille würden uns retten, der Glaube, dass nicht wir selbst in der Mitte sitzen, dass es mit uns auch weder beginnt noch endet, sondern in und mit Gott allein und der Glaube an ihn die Zukunft birgt, die wir suchen.

„Glaubt ihr nicht, so bleibt ihr nicht." Dieses Wort aus dem Prophetenbuch Jesaja gilt heute in seiner ganzen maßgeblichen Tiefe. Es bedeutet, die Selbstreflexion und die Sorge um die kirchliche Institution zu verlassen, nicht sich um den eigenen Namen und die eigene Zukunft zu sorgen, sondern sich dem anheim zu geben, dessen Name allein heilig ist – was ja auch heißt: nicht in unsere Konzepte und Bilder und Erwartungen verrechenbar. Diesen Namen Gottes wieder heiligen lernen. Und erkennen, wie weit wir in Gesellschaft wie Kirche und Theologie davon abgewichen sind. Unsere selbstischen Zukunftskonzepte sind dazu ebenso wirkungslos wie sämtliche theologische Programme und Versuche, solange sie uns nicht selbst in die Umkehr bringen, uns selbst vor Gott und unter dem Evangelium zu erkennen und dann die Schritte des Glaubens selber zu tun. Der Streit der Meinungen und Konzepte wird ohne diese Schritte ebenso fruchtlos und verwirrend bleiben. Er endet wie die heidnische

Versammlung in Ephesus immer nur in der Feststellung: „Dort schrien die einen dies, die andern das, und sie meisten wussten nicht, warum sie zusammengekommen waren." (Apg 19,32) So kann es auch nicht darum gehen, andere zu bekämpfen oder zu verwerfen (womit man ja eh nur das üblich gewordene „Spiel" jeweils eigenen Auftrumpfens nur weiter mitspielen würde) – die Schritte des Glaubens gehen immer nur so, sie zu tun und selber darin zu leben und dann alles andere Gott zu überlassen. Die Gerichte, die sich an uns als Menschheit wie als Kirche vollziehen, sollten uns eher fragend und demütig machen. Die dazu gängigen Alternativen, Stolz wie Verzweiflung, taugen nicht. Sie haben uns allemal in die Lage geführt, in der wir jetzt sind – als Menschheit wie als Kirche.

Hinter Jesus hergehen statt misslicher Lagerbildungen

Die theologischen und kirchenpolitischen Lagerbildungen haben wenig bewirkt. Sie führen leicht zur Bildung von „Wagenburgen", in denen man sich vor den Anderen verschanzt. Schnell verkennt man dann, dass die anderen vielleicht auch nicht die sofortigen Lösungen haben (die es vermutlich sowieso nicht gibt), vielleicht aber die richtigen Fragen stellen. Eine solche wichtige und richtige Frage würde ich z. B. bei Schleiermacher erkennen: „Soll der Knoten der Geschichte so auseinander gehn? das Christenthum mit der Barbarei, und die Wissenschaft mit dem Unglauben?" (Über die Glaubenslehre, Zweites Sendschreiben an Lücke 1829). Diese Frage steht nicht nur immer noch im Raum, die ihr zugrunde liegende Beobachtung hat traurige Karriere gemacht. Daran haben auch alle behaupteten theologischen Richtigkeiten nichts geändert. Weder die angeblich frommen noch die angeblich progressiven Wagenburgen haben wirklich Bewegung in die Geschichte gebracht. Sich in Richtigkeiten und Identitäten zu verschanzen und den Weg in die Zukunft im Kampf gegen „die anderen" finden und gehen zu wollen, das kann nur scheitern. Der Glaube erkennt sich immer so, *mit* den anderen von Gott beschenkt zu werden. Wer diesen Zirkel verlässt zugunsten eines Zirkels der Selbstbezüglichkeiten, der hat immer schon verloren. Er hat verloren, weil er so das Evangelium verloren hat, das ihn nicht gegen die anderen, sondern mit ihnen in die Gottesgemeinschaft rettet. Das wichtigste Gebot, wie Jesus es aus seiner jüdischen Überlieferung nimmt, sagt nichts anderes: Gott und den Nächsten lieben wie sich selbst. Darin gilt es sich zu üben – und nicht im Rechthaben. In diese Unmittelbarkeit zu Gott und den Nächsten stellt uns das Evangelium, in nichts anderes. Wer einen anderen Weg geht, der baut ein anderes Evangelium auf als das Freiheit (Galaterbrief!) – und er verzeichnet alles, was Gott getan hat. Und das geschieht auch unter dem Vorzeichen einer angeblich „richtigen" Theologie oder Sorge um die Kirche. Die Lösung in einer Auseinandersetzung besteht aber nicht darin, nun die Gegenseite zu bekämpfen, sondern selber den Weg der Nachfolge Jesu in die Gottunmittelbarkeit zu gehen. Diese steht uns nicht frei und nicht zur Verfügung, aber wir finden sie als Menschen, die vom Evangelium (also von Jesus Christus) im Kreuz gefunden sind. Der weitgehende Verlust der Christologie in der Theologie und des Christusbezuges in der Kirche zeigt nur an, auf welchen Holzwegen wir großenteils unterwegs sind. Dagegen hilft aber weder Jammern noch andere beschuldigen – dagegen hilft nur, selber den Weg des Evangeliums und der Liebe Gottes zu gehen. Um diesen Weg kann man nicht gegen andere kämpfen, man kann immer nur selber den Weg suchen, hinter Jesus her zu gehen. Alles andere führt zu gar nichts als zur Fortsetzung unserer allseits bekannten Frucht- und Wirkungslosigkeiten.

Ins Licht Jesu gehen statt ständig neuer eigener Deutungen

Theologie versteht sich heute in vielen Perspektiven als eine Art „Deutungswissenschaft" – was heißt: man bewegt sich in einem Wust von Deutungs- und Verstehensansätzen, die man in der Regel der gesellschaftlichen Entwicklung und den wissenschaftlichen Zeitströmungen entnimmt. In die hinein werden die theologischen Themen variiert, und bis in die Predigtpraxis hinein wird gefragt, was die Menschen umtreibt und welche Hilfestellungen die Theologie und der Glaube hier geben können. Großes Thema momentan ist die

Verunsicherung der Menschen durch die zurückliegende Epidemie, durch Krieg, Klimakrise und andere Infragestellungen früherer Selbstverständlichkeiten, die nicht mehr zu bestehen scheinen. Wie führt da der Weg hindurch und hinaus? Damit aber wird das, was die Theologie und der Glaube zu sagen haben, schon vom Ansatz her zweckgebunden „eingefädelt“. Glaube wird als eine Interpretation und Lebensdeutung unter anderen gesehen – was prinzipiell in der rein anthropologischen Perspektive ja nicht verkehrt ist. Die Sache scheint mir nur die zu sein, dass die biblische Perspektive eine andere Sicht der Dinge aufwirft. In ihr treten wir nicht in die Konkurrenz der Deutungen ein, sondern wir sehen uns durch die Geschichte der Barmherzigkeit und Gerechtigkeit Gottes mit den Menschen nicht nur in einer uns gänzlich ungewohnten Perspektive gedeutet. Uns werden vielmehr schon im Ersten oder Alten Testament die „großen Taten Gottes“ vor Augen gemalt, im Neuen Testament das Christus-Ereignis als eine Tat Gottes verkündigt, die nicht nur deutet, sondern die uns in ein anderes Gottes- und Menschenverhältnis setzt. Diesem Handeln Gottes an uns Menschen weichen wir aber nur allzu gerne aus, denn wir wollen nicht nur die Deutungs-, wir wollen auch die angebliche Handlungsfreiheit über unser Leben behalten. Gegen die Erkenntnis unserer selbst im Kreuz und unserer gottgegebenen Zukunft in der Auferweckung wehren wir uns – und das nicht selten mit Verweis auf die Tatsache, dass wir doch die uns in der Bibel begegnende Perspektive auf uns und den Glauben als nur eine Deutung unter anderen erkennen bzw. ins Feld führen, dass auch die Bibel schon eine Vielfalt von Deutungen beinhalte. Das ist zum einen richtig, zum anderen verkennt es aber die grundlegende Übereinstimmung des biblischen Zeugnisses darin, dass mit und in Jesus Christus die Wahrheit Gottes ans Licht gekommen ist und christlicher Glaube sich nicht daran vorbei selbst zu entwerfen vermag. Anders gesagt: die Selbstbezüglichkeit unseres Lebens und Denkens wird in der biblischen Botschaft aufgehoben und in eine Christusbezüglichkeit verwandelt. Die Frage ist doch, ob wir das anerkennen – oder ob wir im Anfügen des stets sich fortsetzenden Deutungsgeschehens einfach die Selbstbezüglichkeiten fortsetzen, wobei wir so oft nicht Christus als Mitte der

Zeit und Anfang der Neuen Schöpfung erkennen, sondern sagen: das sind auch alles nur Deutungen, und wir müssen jetzt für uns die heutige und zu uns passende Deutung erst noch suchen. Dabei tauchen durchaus bedenkenswerte Themen und Inhalte auf, die auch im Rahmen des biblischen Christusglaubens sich stellen – aber wo verläuft die Grenze, ab der sie sich nicht mehr in die Glaubens- und Vertrauensgeschichte zur Treue Gottes einfügen, sondern im Fortsetzen eines nicht endenden Deutungsgeschehens nur die Geschichte menschlichen Selbstbedeutens und Deutens immer weiter fortsetzen? Man könnte auch sagen: des Kreisens um sich selbst.

Die Frage ist also schlicht die, ob von einem Wort und Werk Gottes die Rede sein kann, das auch uns verwandelt, oder ob wir selbst immer nur die Denkenden und Handelnden und Entwerfenden sind, die über all ihren Denkweisen und Entwürfen trohnen und die letztlich nicht Gott anbeten, sondern immer nur wieder sich selbst produzieren. Diese Frage ist nicht geeignet, dem theologisch Andersdenkenden gestellt zu werden, sondern da wir alle Menschen sind, müssen wir sie zuerst immer uns selbst stellen. Die verheerende Geschichte des Wahrheitsbegriffes ist ja die, dass wir Menschen dazu neigen, die Wahrheit als unsere Wahrheit zu verfechten, womit wir in die Rechthaberei abrutschen, aber nicht erkennen, dass die evangelische Wahrheit eine Selbsterkenntnis beinhaltet, die auf unübertreffliche Weise in Johannes 8 beschrieben ist. Da sagt Jesus zu denen, die die Ehebrecherin anklagen: „Wer unter euch ohne Sünde ist, der werfe den ersten Stein auf sie. Und er bückte sich wieder und schrieb auf die Erde. Als sie das hörten, gingen sie hinaus, einer nach dem andern, die Ältesten zuerst; und Jesus blieb allein mit der Frau, die in der Mitte stand.“ (8,7-9)

Die Erkenntnis der Wahrheit geht durch die einzelnen und ihre Gewissen hindurch, sie ist nicht allgemein, und sie setzt ein bestimmtes Verhalten in Gang – vielleicht einfach: Demut. Sie ist nicht laut, sie geschieht in Stille. Sie bringt eine neue Lebensmöglichkeit hervor, sie stiftet auch ein neues Miteinander. An diesem Geschehen vorbei Wahrheit behaupten oder gar durchzusetzen versuchen (wie es auch die allzu Rechtgläubigen hier in Joh 8,5 versuchen), kann nur in die

Irre führen. Nicht zufällig folgt in Johannes 8 das Ich-bin-Wort vom Licht. Christus ist das Licht, das uns ins Licht solchen Erkennens führt, aber nicht in die Rechthaberei einer selbst zurechtgelegten angeblichen Wahrheit. Wer sich und die anderen im Licht dieses Wortes erkennt, den macht die Wahrheit frei (8,32.35). Und das heißt auch: frei von dem Anspruch, diese Wahrheit gegen andere durchsetzen zu müssen. Nur das Licht selber, also Christus, vertreibt die Dunkelheit. Wer in eigener Macht und nach den eigenen Möglichkeiten die Wahrheit durchsetzen will, vermehrt nur die Dunkelheit. Es ist ein Elend, wie voll die Kirchengeschichte von solchem Unglauben ist! Die Lösung dafür ist nun aber nicht, auf Wahrheit zu verzichten. Sie besteht darin, sie zu erkennen und sich von ihr freimachen zu lassen. Die Situation von Kirchen und Theologien zeigt freilich, wie stark und sehr wir in unseren Unfreiheiten gebunden sind. Und auch die gilt es nicht den je anderen zu unterstellen, sondern bei sich selbst zu erkennen. Glaubensgeschichten beginnen nie so, über andere zu verhandeln – sie gehen so los, selber den Ruf Christi zu hören und ihm zu folgen: Geh du hin und mach du es ebenso! Alles andere vermehrt nur den immer höher anwachsenden Schutthaufen, den wir über dem Evangelium aufhäufen.

Das Andrängen des Neuen von Gott

Wir erkennen im Evangelium weitgehend nicht mehr das Andrängen der Wirklichkeit Gottes in unsere menschliche Weltwirklichkeit, vielmehr versuchen wir, die Brisanz und Herausforderung des göttlichen Andrängens weg zu erklären. Wir zerlegen das Evangelium in Bestandteile, die wir aus unserer menschlichen Weltwirklichkeit heraus zu erklären versuchen. Das Gegenüber eines energischen, wollenden und handelnden Gottes geht darin verloren. Es gilt uns nur das als relevant, was wir fassen und durchdringen können. Wir erkennen in Jesus Christus nicht den ersten Menschen der neuen Zeit, die Gott in seinem Reich beginnt, und die der Gekreuzigte Auferweckte heraufführt. Stattdessen „deuten" wir das Ereignis Jesu Christi zum einen rein menschlich-innergeschichtlich (und sehen nicht, wie dieses

Ereignis unsere Wirklichkeit und unsere Begriffe von Zeit und Geschichte sprengt), zum anderen als Produkt der Ideen von Menschen (und sehen nicht die Tat Gottes, die hier geschieht). Mit all diesen Denk- und Handlungsweisen aber schafft man über kurz oder lang aus der Welt, was den Christusglauben begründete und die christliche Gemeinde schuf. Es zählt nur noch, was uns „Fleisch und Blut sagen", der Geist Gottes gilt wie nicht existent, unwirksam, nur ideologisch. So bleibt für den biblisch bezeugten Glauben kein Ort, nicht nur nicht in der Welt, sondern immer mehr auch nicht in der Kirche. Diese sucht sich vielfach weltförmig zu zeigen, um die Zustimmung ihrer Glieder und der Öffentlichkeit nicht zu verlieren. Dass sich dann für eine Kirche, die sich vom Wort Gottes her versteht, in unserer Welt kein Ort mehr finden lässt, verwundert nicht. Denn diese Ortlosigkeit ist die zwangsläufige Folge unserer eigenen Vorgehensweisen, mit denen wir unseren kirchlichen Platz in der Welt behaupten wollen, ihn aber tatsächlich verspielen. Der Kontrapunkt zur Weltwirklichkeit, in dem der spezifische kirchliche Beitrag zum Leben der Menschen anheben könnte, wurde ja weitgehend (wenn nicht gar prinzipiell) unwirksam gemacht. Das ist die Folge eines Kirchenwesens, das zwischen bürgerlicher und christlicher Existenz nicht mehr unterschied. Es bringt sich um seine eigene Grundlage und Zielbestimmung, löst sich letztlich im Humanum auf. Es kennt dann nur noch das Menschliche und sich selbst, und es weiß darin nicht mehr, woher und wozu es eigentlich ist. Es hat die Kraft des Evangeliums verloren. Es löst sich tendenziell im Allgemeinen auf, dreht sich nur noch um seine eigenen Werke und Institutionen, es hat darüber hinaus keinen Halt mehr, keinen Grund und kein Ziel. Zukunft dieses Kirchenwesens ist dann nicht mehr die Zukunft Gottes mit seiner ganzen Welt, Zukunft ist dann nur noch das Erhalten dieser gesellschaftlichen Funktionen als kirchlicher und der Erhalt der entsprechenden Institutionen. Sie müssen sich an den Interessen des Humanum bewähren, Gott ist sozusagen raus, Gott „hat fertig". Darüber ließe sich verzweifeln – enthielte nicht das Evangelium selber zwei wichtige Hinweise. Der eine ist der auf die Ortlosigkeit Christi in unserer Weltwirklichkeit – eine Ortlosigkeit, die auf das Kreuz zuläuft. Der andere ist der Hinweis auf die „kleine Herde", der ja bedeutet, dass der Glaube an Christus und das Evangelium in dieser Welt kein Massenphänomen darstellt. Das freilich ist in erster Linie nicht quantitativ zu verstehen, sondern qualitativ zu erkennen.

Das bedeutet auch: Es gibt keinen Stand der Neutralität, der Reinheit und Unschuld in dieser Welt. Am allerwenigsten die Kirchen Europas können das für sich in Anspruch nehmen, so sehr waren (und sind?) sie in Kolonialismus, Rassismus, Nationalismus, Militarismus, Antisemitismus, Fremdenfeindlichkeit, Sexismus, Leibfeindlichkeit und andere Schrecklichkeiten (wie der mystifizierenden Überhöhung menschlichen Leides) verwickelt. Wir (und damit meine ich unsere Kirchen, in denen und in deren Geschichte wir leben) sind bis zur Unkenntlichkeit des Christlichen in Glaube (den wir so oft nicht aus dem Evangelium empfingen, sondern als unser Selbstverständnis definierten und kräftig auf unseren religiösen Höhen Hütten bauten, die Jesus nie haben wollte) wie Ethik (welche Handlungsformen und -ziele dann daraus folgten) in eine Geschichte verwickelt, deren Opfer uns anklagen. Da ließe sich Vieles an Irrwegen nennen – aber ist nicht die schlimmste Anklage die, dass wir wie Petrus den Herrn verleugneten und wie die schlafenden Jünger in Gethsemane die Augen vor dem Kreuz Christi und der Menschen zu schließen geneigt sind? Dass wir anderen das Evangelium schuldig blieben und bleiben? Beunruhigt uns das? Anstelle einer Beunruhigung und Umkehr ist immer wieder Abwehr, Verdrängung und Unbußfertigkeit zu erkennen – und innerkirchlich eine Denunzierung derer, die nach solcher Umkehr riefen. Wie man aus diesem Wust heraus kirchliche Zukunft entwerfen will, ist mir ein Rätsel. Müsste nicht erst einmal Klarheit einkehren, Klarheit und Erkenntnis über uns selbst und über das, was das Evangelium, für das Kirche doch stehen soll, eigentlich ist? Diesen Prozess anzugehen, das zielt nicht auf Schuldzuweisungen, das zielt auf Schuldaufdeckung und die Wahrnehmung einer angemessenen Verantwortung.

Spagat

Es ist ein Spagat von uns gefordert. Der Spagat einer doppelten Treue ist es, zu dem wir gerufen sind. Die Treue zu Christus und die Treue zur Welt. Letztere ist doch genau besehen schon mit der ersten Treue gegeben. Denn Christus ist der, der der Welt Gottes treu ist und sie nicht aufgibt. Allein deshalb gibt es uns als Christen doch überhaupt noch. Wir leben heute in einer Weltwirklichkeit, die außerhalb ihrer selbst nichts wahrzunehmen und zu erkennen scheint. Gott spielt in der (nach-)modernen Gesellschaft keine Rolle, alles was ist und geschieht wird innerweltlich und in Fokussierung auf den Menschen wahrgenommen und ausgesagt. Da ist es selbstverständlich, dass auch der christliche Glaube nicht von Gott oder einem übergeordneten und wirksamen Evangelium her wahrgenommen wird, sondern als eine Sichtweise des Lebens, die von Menschen hervorgebracht ist und von deren eigener Energie und Glaubenskraft, von ihren Deutungen und in ihren Handlungen lebt. Gott mag dabei von diesen genannt werden, ist aber nicht objektiviert verfügbar. Damit scheidet Gott aus dem Erkenntnis- und Handlungskonzept unserer Zeit aus, und damit auch der Anspruch seiner Wahrheit. Als Christen und Kirchen begegnen wir den Menschen also immer zuerst auf der Ebene unserer bürgerlichen oder gesellschaftlichen Existenz, die sich so gibt wie eben beschrieben. Insofern stimmt der Satz: Gedeutet wird immer. Spreche ich von meinem Glauben, und bekenne ich, mit ihm in einen Zu- und Anspruch eingebunden zu sein, der für mich mit Gott verbunden ist, dann hören die anderen in der Regel daraus eben nicht diesen Anspruch, sondern sie sagen mir: Ja, das ist deine Deutung. Wir aber haben eine andere.

Die Bindungskraft des Evangeliums kann sich immer nur persönlich an Menschen ereignen, die in der Begegnung mit Jesus Christus, wie ihn uns das biblische Wort bezeugt und dann auch an ihnen geschieht. Dazu sprechen wir von zweierlei: von der Verkündigung dieses Wortes und vom Wirken des göttlichen Geistes. Dieses Geschehen ist göttliche Wirksamkeit und unserer enthoben. Wo immer Christen und Kirchen versuchen, diese an sich zu reißen, wird es nur noch katastrophal. Auch darum sind wir gut beraten, strikt unsere Weltexistenz von unserer christlichen zu differenzieren. Die Wahrheit des Evangeliums ist nicht die Wahrheit dieser Welt, aber sie ist Wahrheit für die Welt, und sie wandelt unser Leben in der Welt. Sie hebt aber, solange diese Welt in ihrer Gottfremdheit besteht, den Unterschied nicht auf. Den haben wir neu zu erkennen und die entsprechenden Folgerungen zu ziehen. Kirchlich lässt sich die Welt weder institutionell-kirchlich noch fromm-religiös „einkassieren". Das führt(e) allemal auf Irrwege, seien diese nun frömmelnd- individuell oder kirchlich-institutionell.

Theopoietik und Theopoesie (Tun und Sagen)

Wir suchen die Zukunft für Glauben und Kirche meistens auf „theopoietischen" Wegen, also in dem Versuch, die Zukunft zu „machen". Wir folgen Spuren von Hochrechnungen, Algorithmen und Strukturanpassungen. Dabei verfangen wir uns schnell in den Grenzen unserer menschlichen Möglichkeiten, werden immerzu mit unsrem Nichtkönnen konfrontiert. Zudem ist Zukunft kein eigens zu gestaltendes Thema, sondern sie wird doch auf den Feldern, in denen wir ohnehin leben und arbeiten. Darin ist sie zum einen gestaltbar, zum anderen bleibt sie unverfügbar. Sie wird uns nicht nur von unserem Tun gewissermaßen „von hinten" her. So wie Gott nicht das Dahinter unserer Welt und unseres Lebens ist, so wird die Zukunft nicht nur aus unserem Tun und Lassen. Sie kommt uns zugleich überraschend, wandelnd, herausfordernd entgegen. Wir „harren" ihrer, wir „harren" des Tuns Gottes, in das wir einzuschwenken und einzugehen suchen. Davon aber zeugt eben nicht nur der theopoietische Weg, der unser „machen" beschreibt. Davon zeugt und das beschreibt in besonderer Weise die „Theopoesie", die im Zeugnis unseres Suchens und Harrens und der ahnenden Gewissheit, von Gott in Christus in der Geistesgegenwart gefunden zu werden, stammelnde wie lobende Worte findet. Der Verlust der Theopoesie und die Fixierung auf die Theopoietik ist die ständige Gefahr unseres Versuches, Zukunft hervorzubringen. Wir bringen sie eben nicht nur aus unserem Tun hervor, sie wird uns. Unser Zeugnis davon in der Poesie, im stammelnden Zeugnis, ist keine analytisch ansetzende Definition, sondern – wie Zagajewski von der Poesie überhaupt sagt – „Leidenschaft; der feurige Gesang der Welt, auf den wir mit unserem unvollkommenen Gesang antworten". In puncto Glauben und Kirche ist es das Ergriffenwerden vom Kommen Gottes, das uns, wie Luther sagt, zu „Harrern" macht. Davon zu sprechen und darauf zu hoffen, das ist ein Zukunft eröffnender Ansatz, keiner, der dem Wahn verfällt, die Zukunft aus dem eigenen Sorgen heraus „machen" zu können. Hierin geht es also um ein Herz und Gewissen des Menschen öffnendes Ereignis, das sich nicht auf „geistige Aktivität reduzieren lässt", sondern „nur im inneren Leben, wie in einem zerbrochenen Spiegel" als eine „bewegliche Flamme der Ewigkeit aufflackert". Dieses innere Leben ereignet sich nicht ohne Verborgenheit, es ist „nicht fotogen", es entzieht sich der Öffentlichkeit, der Objektivierbarkeit, der Vermarktung und Konsumtion. Als Teil öffentlicher Massenkultur verwandelt es sich in eine Art „narzisstischen Clown" (nach Adam Zagajewski). Verliert sich die Theo-Poesie in Theo-Poietik, verliert sich das Hören, Nachspüren, Harren ins pure humane Machen, dann verliert es den Geist. Stattdessen gilt es, mit den Augen und Ohren der Poesie die poietische Dimension wahrzunehmen und sich in Bewegung zu setzen. Die Poesie ersetzt also nicht die Poietik, sondern sie leitet innerlich dazu an. Geht sie verloren, verlieren wir uns in die Poietik – verlieren uns bezugs- und ziellos ins Machen. Davon legt das Scheitern unserer Zukunftsprozesse beredtes Zeugnis ab. Die Zukunft, erst recht die Zukunft Gottes und des Glaubens, ist uns nicht machbar. Sie ereignet sich wie das Wehen des Windes, und es kommt alles darauf an, dieses zu spüren und sich von ihm an- und weiterwehen zu lassen. Anders gesagt: auf die von Gott her nicht schwindenden Energien zu setzen und nicht auf die „fossilen" unseres Machbarkeitsdenkens. Die Zukunft nimmt man nicht in die Hand, ihr öffnet man sich in einer durchaus fragilen Verbindung von Poesie und Poiesie, „die das Nahe und Ferne, Niedrige und Hohe, Irdische und Göttliche zu verbinden versteht" (Zagajewski, vgl. Dt 30,11-14).

Letztlich geht es also immer darum, ob wir in unserem Leben als einzelne und als Gemeinschaft der Christen immer nur selbst präsent sind – oder ob wir von und in der Präsenz dessen leben, der uns das Jetzt unseres Lebens schenkt und darin zugleich ein uns unvorstellbares „morgen". Anders gesagt: ob wir im vergehenden Augenblick immer nur mit vergehen (und wie Vieles in unserem Leben ist genau besehen nichts anderes!) – oder ob wir Zeuginnen und Zeugen werden im je geschehenden Jetzt, das sich mit Gottes Ewigkeit füllt. Wer einmal das Wort des Evangeliums gehört hat, der will sich doch mit weniger nicht zufriedengeben. So ist doch auch das Neue Testament mit seiner Beschreibung und seinem Zeugnis des Glaubens am Ende nicht fertig – sondern es endet gewissermaßen mit einem harrenden Doppelpunkt: „Amen, komm, Herr Jesus! Die Gnade des Herrn Jesus sei mit allen." Und dann sehe man zu, ob uns unser kirchliches Leben an diese Stelle führe – „eia wär´n wir da!" – oder ob wir zuvor an einer anderen längst untergegangen sind.

Vollenden oder loslassen?

„Du kannst dich nicht umfassen, musst du dich selbst doch lassen." Das wurde mir schon vor langer Zeit klar. Dabei sehe ich nach vorn auf ein Lebensziel, das ich nicht in Händen habe – es fällt in eins damit, sich zu lassen. Ich „lasse" mich aber nicht nur und nicht erst am Ende, ich lasse mich beständig und alltäglich ein auf das Leben und die Beziehungen und meine Aufgaben. Ich lasse mich da hinein los, lasse mich „gehen", losgehen und leben – von mir fort gehe ich dabei auch, anderswohin. Aber zugleich nehme ich mich ja mit. Und so finde ich auf einmal dort doch – mich! Aber eben nicht so, bei mir geblieben zu sein, sondern mich losgelassen, mich gelassen zu haben anderswo hin. Und da finde ich mich, nicht in der Kontrolle meiner selbst, nicht in all dem, was ich immer schon wusste und kannte – sondern mitten im Leben. Oft ist es ein Leben, das ich so noch nicht kannte und von dem ich nicht wusste, ob ich es kann. Und – es geht! Losgelassen, auf den Weg gemacht – und: neu gefunden! Das mag merkwürdig erscheinen, aber gerade so ist es. Wer sich nicht lässt, hat sich schon verloren. Er muss immer bleiben, wie er nun mal ist. Wer sich lässt, der findet. Findet auch sich selbst ganz neu.

Für Gemeinden und Kirchen bedeutet das, auch sich selbst in Neues hineinzuwagen. Nicht mehr die eine maßgebliche religiöse Stimme sein, sondern eine unter vielen anderen. In der Welt ein Teil unter anderen sein, im Glauben Zeuge dessen, der alle in seinen Händen hält – und akzeptieren, dass viele das nicht glauben. Und dann darin sich selbst nicht mit Gott zu verwechseln, doch ohne die Zeugenschaft des lebendigen Gottes aufzugeben. Auf diesem Grat gilt es zu gehen.

Es gilt eingedenk zu werden, dass wir nicht nur unser Ende nicht umfassen. Wir umfassen auch unsere Anfänge und unser Herkommen nicht. Wenn ich anfange, es zu bemerken und darüber nachzudenken, da bin ich ja längst da – und was da alles schon in mir ist! Keiner hat mich gefragt, ob ich das gerade so wollte. Es ist einfach geschehen. Dieses heutzutage so oft spürbare Bemühen, das Leben zu inszenieren, es vor den anderen hervortreten zu lassen in seiner unverwechselbaren Singularität und es von ihnen für gut befinden zu lassen – schaut her, ich bin´s – was ist das? Diesem zur Schau gestellten Habitus widerspricht ja schon die Tatsache, dass mein sämtliches Herkommen überhaupt nicht in meinen mich gestaltenden und mich nun präsentierenden Händen lag. Am Anfang steht eine von mir völlig ungestaltbare Situation völligen Empfangens. Am Ende steht ein Loslassen, in dem ich mich selbst immer weniger und schließlich gar nicht mehr halten kann.

Anfang wie Ende lassen die Illusion völliger Kontrolle und Präsentationsfähigkeit ebenso zerplatzen wie die einer kultivierten Selbstbezüglichkeit. Ich komme aus anderen, und ich gehe mit anderen und zu ihnen. Und mein Leben ist kein Haben oder gar Besitzen, es ist ein Empfangen und ein Teilen. Kein Mensch kann sein Leben „besitzen", keiner Glauben „haben", keiner sich selbst „sichern". (Versichern kann man allemal die Schadensfolgen unserer nicht auszuhebelnden Lebensunsicherheiten.)

Was wir sind, haben wir empfangen. Gestalten tun wir mit dem, was wir zur Verfügung bekommen; erfunden haben wir es nicht. Was wir werden, spielt sich uns zu im Einlassen auf das Leben und im Loslassen zu anderen hin. Der Prolog des Johannesevangeliums (Kapitel 1,1-18) sagt: Er war da in allem Anfang – und er kommt und bleibt, er wird da sein. Er ist der Anfang, den es zu bewahren gilt. Er ist das Ziel, die Vollendung, die allein uns zu bergen vermag und die sich an uns bewähren wird. Mit drei kurzen Worten ist das die Zusage: Fürchte dich nicht! In diesem Zuspruch ist das Nichtkönnen gekonnt. Darin findet sich ein Mensch in Zeit und Ewigkeit.

Die Wortreihe, der der Name des Buches entnommen ist, heißt: Empfangen. Bewahren. Bewähren. Vollenden. Ich habe das letzte Glied hier eben ersetzt durch Loslassen. Und im Titel durch drei Punkte, die stehen für vollenden und loslassen. Vielleicht lässt sich ja nur vollenden, was ich loslasse? Empfangen, bewahren, bewähren, loslassen – das ist unser Teil. Vollenden gehört nicht dazu. Das liegt allein bei Gott.

Zum Autor

Klaus Priesmeier

Jahrgang 1953. Nach dem Studieneinstieg an der WiSo-Fakultät (Wirtschaft- und Sozialwissenschaften) in Göttingen Wechsel zur Evangelischen Theologie. Studium in Göttingen, Bethel und Heidelberg (dort auch Diakoniewissenschaft). Pastor in der Evangelisch-lutherischen Landeskirche Hannovers in Gemeinde, Schule, Diakonie und Superintendentur; die Orte des beruflichen Wirkens lagen in den Landkreisen Rotenburg (Wümme) und Diepholz in den Kirchensprengeln Stade, Calenberg-Hoya und Osnabrück. Seit 2018 im Ruhleben. Das Wort Ruhestand mag ich ebenso wenig wie tätiger Ruhestand oder Unruhestand. Ich genieße das Leben und Arbeiten in Ruhe.